現代の黙示録

イエスは聖書を認めない

空不動

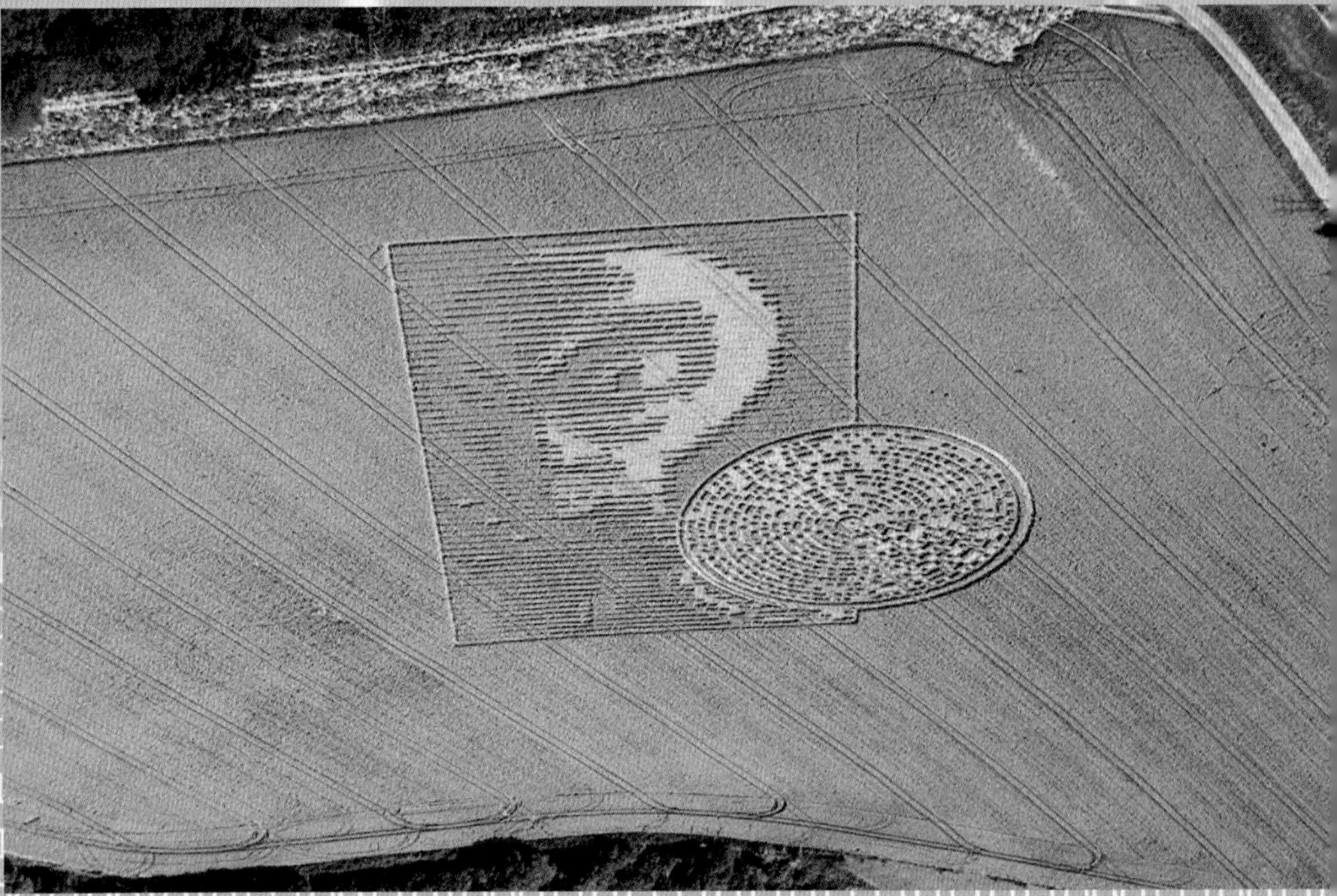

©Lucy Pringle

2002年8月15日

イギリス・ウィンチェスターに

突如出現したミステリーサークル。

そこには0と1から成るバイナリーコードの暗号

が記されていた。

これが本書と どのように係わるのか?

巻頭図1

宇宙人グレイから
地球人への警告

←メッセージ内容は次ページ

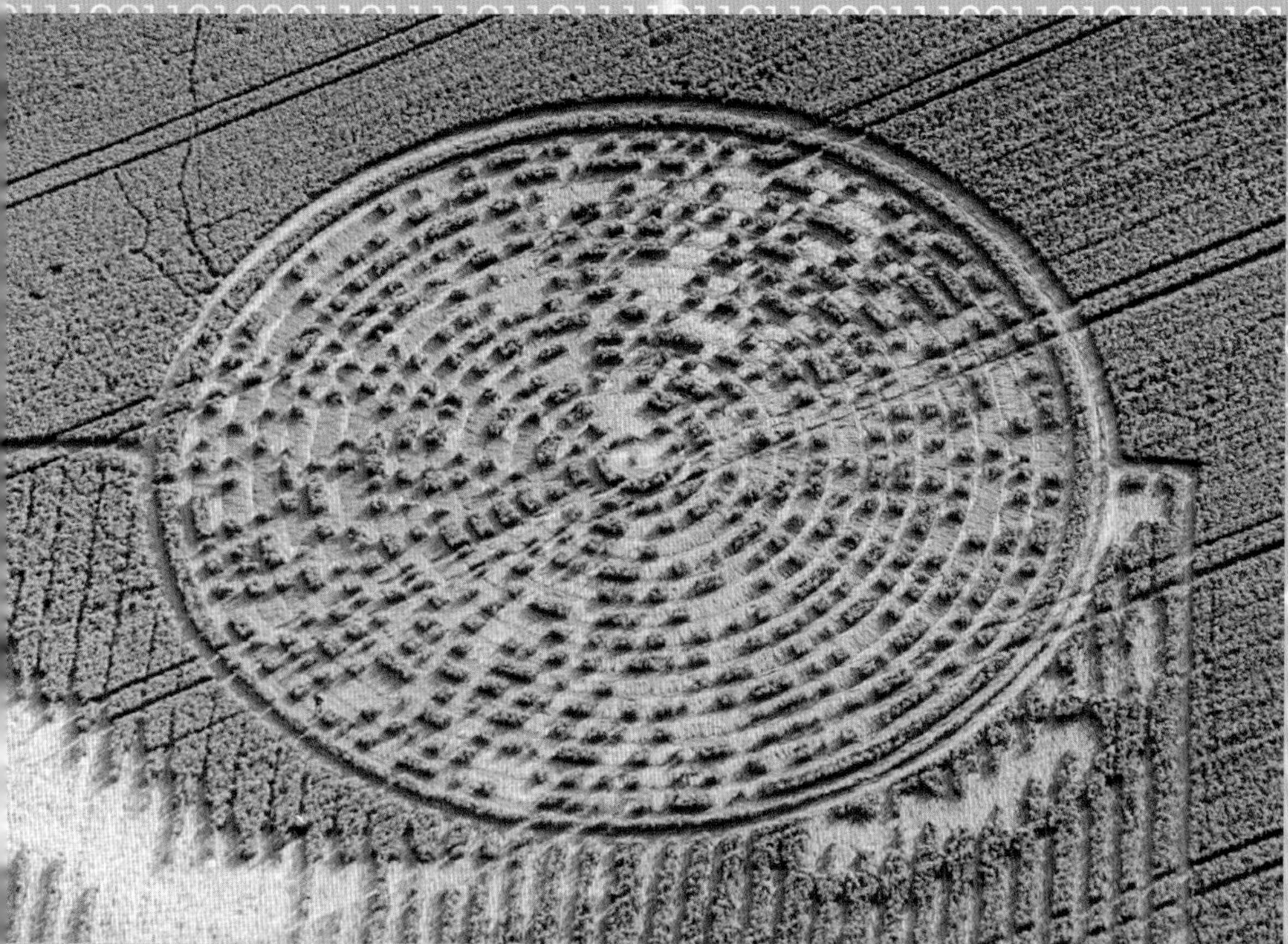

©Lucy Pringle

【バイナリーコードの解読結果】

Beware the bearers of FALSE gifts &

their BROKEN PROMISES.

Much PAIN but still time.

BELIEVE. There is GOOD out there.

We OPpose DECEPTION.

Conduit CLOSING.

【直訳】

偽りの贈り物の担い手と、彼らの破綻した

約束に警戒せよ。

沢山の苦しみがある。暫く時間がある。

信じなさい。真実はその外側にあることを。

我々はその欺瞞とは反対の立場にいる。

連絡経路を閉じる。

⇒詳しくは本文／付録編へ

本書のあらすじ

著者はイエスとコンタクトし、真実を知る。
シナイ山でのヤハウエとモーゼとの契約に則って、
ユダヤ人の救世主としてイエスは生まれた。
イエスを拒否したユダヤ人は神との契約違反状況にある。
原始キリスト教はユダヤ人限定でイエスが説いた。
従って非ユダヤ人のためのキリスト教は有り得ない。
イエスはバチカン創作のキリスト教に一切係わっていないし
新約聖書編纂にも一切係わっていない。
従って イエスによる非ユダヤ人向けの新しい契約は
存在しないし、キリスト教徒はバチカンの犠牲者である。
バチカンはローマ帝国支配のためにイエスの意に反して
イエスの名を盗んでローマ帝国の救世主に仕立て上げた。
それ故に イエスはバチカンも新約聖書も決して認めない。

宇宙の中でキリスト教は欺瞞と位置づけられている。
その欺瞞を正すためにガブリエルがイスラム教を興す。
イスラム教はキリスト教を抑制し 根源にあるユダヤ人の
契約違反を正す。
グレイが登場してバチカンを批判し、ガブリエルと共に地球人
に警告し、そして地球人を新しい時代に導く。

巻頭図３

ユダヤ教・原始キリスト教・
イスラム教の発祥には
常にガブリエルが係わった。
バチカン経由のキリスト教には
係わっていない。

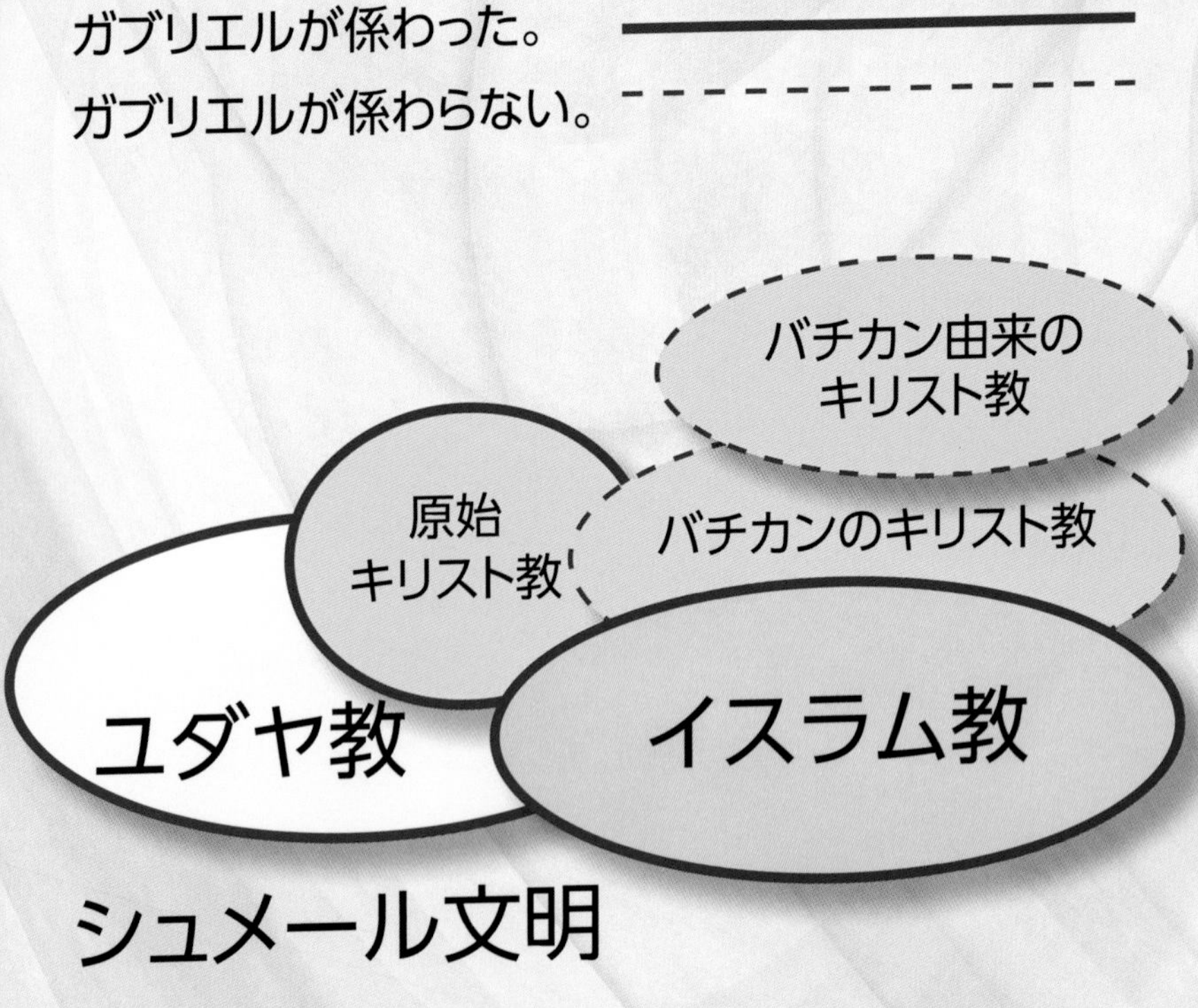

巻頭図 4

前編

原罪消滅宣言

はじめに

「現代の黙示録」の意義

キリスト教徒ではない私が、キリスト教に対する素朴な疑問を抱くことから、それは始まったのでした。

そもそも、新約聖書はイエスの没後三〇〇年ほど経ってから、ローマ帝国の皇帝、コンスタンチヌス帝が主催する、第一回ニカイア会議（紀元三二五年）によって、以後複数回に亘って開催された会議を基として編纂《へんさん》されたモノであります。果たしてそこにどれだけイエスの主旨が反映されているのか。その内容を何処まで信じて良いのか。そしてその内容を、天のイエスは認めているのだろうか。という疑問を、私は直接イエスに投げかけたのです。

結果的に言うならば、この私の疑問は、天においても重要な問題であって、私の疑問に対してイエスが直接回答してくれて、その後次々と、想像も出来ないような展開が始まり、私は必死でそれを記述していきました。そしてイエスからの指示によって、この書を纏《まと》めることになったのです。

それをここに「現代の黙示録」として、私の受けた啓示の順番をそのままに記録としてここに著したのがこの書です。

これは、ここ数千年の歴史の総集編であり、近くは中東と西欧における複雑に捻れに捻れた「人間の行い」と「神の指導」との関係を丁寧に解きほぐし、「そういうことだったのか。やっと分かった。」と胸のつかえが取れたような気分にさせてくれると思います。

【啓示を主とした執筆】

この書は、私がこれまで著してきた著書とは大きく異なり、特に啓示的な要素を中心に構成されていることが特徴です。

この書の主たるところが啓示であることから、「この書を執筆している本人が本人の考えとして書いているのではない」ということに十分に留意し、それを自分自身にも言い聞かせつつ、この書を書いていています。そして勿論、私の考えは「私の考え」として、啓示とは区別して書くように心がけています。

本書は、この啓示の部分が中心となって展開していくので、これを敢えて「黙示録」として扱うことにしたのです。

「黙示録」とは、啓示する側が私の意識構造を使って、私の意識の世界の中に映し出してくる内容を、私の知識や体験を材料として、それを私の言葉で記述していることになります。
しかしながら、本人が啓示の部分を記述している瞬間は、すっかりその気で書いているのであり、それを私自身が誤解しないためにも、上記の説明は私自身に対する注意事項でもあります。

【著者の立ち位置】

私の立ち位置を簡単に示しておきます。

生涯をかけて普遍の真理を求めていた私は、神霊に導かれて修行し、普遍の真理を体得しました。その結果として自分の体得した覚醒の体験は拙著『自分の発見』（献文舎）と『人間やりなおし』（献文舎）に詳しく著しました。

その修行の終盤で、私は自らの覚醒の体験を般若心経の中に発見しました。普遍の真理は勿論私が独占するモノではなく、誰もが到達できる真理であり、それでこそ普遍の真理なのだと理解すべき事なのです。

そして、私の体験を般若心経に投影する事で般若心経の解読に成功したのです。そこには「宇宙と人間とそれらの関係」が普遍の真理として見事に説かれていたのでした。私の原点はここに有ります。

私にとっては私の修行の体験こそが私の取得した「普遍の真理」そのモノなのですが、ここでいちいち私のことを説明している余裕はないので、それを知りたい人は私の他の著書を読んでいただくこととしました。

そこでここではそれと同じモノが般若心経の中に既に書いて有ったということで、これを「この書では『般若心経の普遍的な世界観』と表記しました。

私の到達した「覚醒」の立場からキリスト教に係わるとき、そこには大きな疑問と矛盾が発生してしまい、それは私にとってはいずれ解決しなければならない重要な課題として約五〇年ほどそのまま放置してきたのです。

それが今やっと、この著作によって解決されたこととして、この書をまとめました。それが黙示録となったということも、私としては納得の展開です。

それでは少しずつ具体的に話していきましょう。

新約聖書に対する疑問

私は新約聖書を横目で見ながら、キリスト教における「イエスの磔《はりつけ》による大犠牲」の意味が般若心経の普遍的意味から解釈してなかなか納得できずにいました。

私が到達した『般若心経の普遍的な世界観』に立てば、キリスト教の信仰の核となっている「磔による罪の贖《あがな》い」という思想は、それは「あり得るものではあってても信仰の一部分であり、有っても良いがそれが信仰の本質には成り得ない」との理解に達していました。

私はこれまで何度もいろんな宗派のキリスト教徒と宗教の話をする機会があったので、その時に挨拶代わりにいつも以下のような質問をしました。

キリスト教が説くように、「人類の犯した罪がイエスの磔の贖いによって消滅する」とする理屈にはかなりの無理がある。「磔以前の罪が無くなる」と言う程度ならまだしも、まだ犯していない千年後の罪も未来永劫贖うと言うなら、もはやそこに現実的意味はない。何処を調べてもイエスはそんな事を言ってはいない。磔から二千年後の今、二度も世界大戦を体験していて贖いにはまったく実感が持てない。

さらに、あなた方は選民意識を持っていて、それを我がことのように語るが、あなた方は聖書の言う「イスラエルの民」（ユダヤ人）ではないではないか。

これらの質問に対する彼らの回答で記憶に残る程のものはありませんでしたが、彼らの住んでいる世界を覗けただけでも意味はあったと思いました。

彼らの住んでいる世界を垣間見て、私が理解している「救われ」の概念と何かが大きく違っているということ。そして、いつも私が感心する事は、こちらの提示する疑問点を彼らは全く疑問には思っていないこと。そして、何にもまして彼らは「聖書に書いてあるから」というだけで全てを信じる従順なキリスト教徒であったという事です。

そこで、話の最後には決まって、私から「それなら宇宙人が出てきたらイエスは人類だけではなく宇宙人の罪の贖いまでするのか」という、私の最後の切り札の質問に対して相手が「うっ」として回答に詰まり黙ってしまい、私としてはここで問題提起ができた事だけでも良しとして話は終わってしまうのでした。

私の最大の疑問は新約聖書は後代にかなり恣意的《しいてき》に編纂されている事からして、それが本当にイエスの主旨なのかどうか。「人類の罪の贖い」なんてイエスが本当に語った事なのか。聖書に語られている事にはかなりの無理があり、それに強く頼るキリスト教にはもはや普遍性の欠片も無く、独善的で、排他的で、かなり異質な閉鎖的な宗教だと思っていたことでした。

般若心経の『実在』を正面に説き、実に大らかで全肯定に向けて展開する真理に比べて、キリスト教は実に偏狭で読むだけで脅迫されている感じがして、これも同じ宗教の範疇に入るものなのか。さらには、いつも神と悪魔の狭間のその緊張感の中にいて、よくも心の平安を得ることが出来るものだ。という点も大きな疑問でした。

これらの事から、キリスト教は根本的な矛盾に満ちているように感じていて、いつもその点を重要な課題としつつも私の中では未解決の問題としてずっと先送りにしていました。

ところで、私が体得した普遍の真理から見て、私はイエスを覚者として見つつも、「イエスの大犠牲」によって立つキリスト教に対してどうしても違和感が払拭できずにいました。イエスの存在とキリスト教との間には大きな隔たりを感じていて、それが私の解決しなければならない次の課題と決めていました。

そのような問題意識を持つ人がこの書を読むべきであり、疑念を持たない人はまだその時機では無いと思います。もしそれでも読むのならば、それなりの覚悟を持って読んでください。

イエスを信じイエスを至上の存在としつつも、ローマ帝国経由のキリスト教に対して疑念を持っている人は私の周囲にもいますし、世界的に見ればかなりの数と考えられます。

現代の黙示録

イエスは聖書を認めない

目次

I章

イエスからの啓示

イエスからのメッセージ

私は定例の第二〇回洞爺研修会での講演を前にして、上記の課題をテーマとすると決めていましたが、内容は詰まらず、その疑問を抱えて祈り続けていました。そして、特に直前の数日間は「磔という大犠牲」の意味についてイエスに直接問い続けていました。

イエスを語る時に重要な事は、聖書を参考に語るのでは結局は聖書の枠から出られずに、ローマ帝国にとって都合のよい、いつもの「よく耳にする答え」が出てくる事は明らかでした。

そこで私はローマ帝国が編纂した聖書を一切無視して、キリスト教の常識も捨てて、私がこれまで修行してきた方法で直接イエスにアクセスする以外にないとの判断から、私は直接イエスに心を向けて数日間、否、ここ数ヶ月祈り続けていたのです。

『般若心経の普遍的な世界観』からみて到底理解不可能だった「磔という大犠牲」について真剣に問い続けていました。そして遂に、瞑想の中でイエスから直接回答を得たのです。その時、間違いなくイエスからの確かなメッセージを私は受けとったのです。それがイエスによる【啓示】、原罪消滅宣言だったのです。原罪消滅宣言に始まる「イエスからのメッセージ」は私は十分に納得して受け入れていますが、「私の考え」そのものではありません。正確には「私の捉えた思考」ということになります。

「イエスからのメッセージ」という私の意識内での出来事は、確かに不思議な出来事ですが、それは今の科学で説明できないだけなのであって、いずれ説明できる時が必ず来るのです。

私としては敢えてそこを隠さずに、出来るだけ正確に正直に書きたいとの理由で「イエスからのメッセージ」と書きましたが、抵抗のある人は「私の考え」として受け取って頂いても良いと思います。そして、最終的にここから何か大きな思考の転換を得られればそれで良いのだと思っています。

次第に説明していきますが、私は「イエスからのメッセージ」としてイエスから私に伝えられた原罪消滅宣言によって、私のこれまで抱いていた課題が一気に解決され、疑念は根底から完全に払拭されるという貴重な体験をしたのです。

その内容は驚きでしたが、私にとっては実に納得できるものでありました。

このイエスからの啓示によって、私が長く抱えていた幾つかの課題は複雑化ではなく、極めて単純化されて理解できたのです。

この啓示は信じる信じないという次元のものではなく、その内容を知れば問題意識を持つ人ならば問題は単純化されて整理され、「なるほどそうだったのか」と納得すると思います。

私が啓示から受けたイエスの印象は実におおらかで、磔の悲壮感などは全く無く、聖書から受ける印象とは違って感じます。勿論私には実際にコンタクトしたこちらのイエスが本当の姿と思えます。

そして、私が受けたイエスの啓示の内容はたった一つのキーワード、「原罪消滅宣言」が画竜点睛となってイエスの教えを一気に際立たせ、イエスの主旨が極めて明確になり、誰もが十分に納得できる内容なのです。

それはさらにキリスト教の過去の問題を全て解決し、未来をも一気に切り拓く程の重大な内容です。順を追ってそこまで説明していきたいと思います。

出来れば読者には従来の新約聖書からいっとき離れてイエスに心を合わせ、以下を原罪消滅宣言を意識して読んでいただければよく理解できると思います。

誰のための贖《あがな》いか

この時のイエスからの啓示を、以下に私の言葉に置き換えて順を追って説明します。

新約聖書では「我々人類の犯した罪の贖いとして十字架に処された。」という事になっていますが、それは聖書編纂の過程でそのような解釈が成されたのであって、絶対にイエスがそのように言ったわけではありません。

それは、予想した通りイエスの主旨とはまったく無関係に、キリスト教成立の過程でローマ帝国の統治にとってそれが都合が良かったというだけの理由で決められたのです。そのために説明が複雑になり、強引な論理になっていったのでした。先ずこの事実をしっかり踏まえておきましょう。

結論から言えば、イエスは「ユダヤ人（イスラエルの民）の抱える原罪観念を消滅させるために」自らの身を十字架に処したのであり、決して「我々人類の罪の贖いのために」十字架に処されたのではないという真実です。

つまり、イエスは人類のために道を説いたのではなく、ユダヤ人以外には説いてはいけない特別の理由があって、ユダヤ人のためだけに説いたのです。

この違いは重大で、この違いを無視する事はイエスの主旨に反することなのです。次第にその意味を明らかにしていきます。

この主旨の取り違えは、以後のキリスト教の展開に決定的な、そして致命的な影響を与えてしまいました。

キリスト教はイエスの教えそのものではありません。これから詳しく述べるように、新約聖書はイエスと布教を共にした、マタイ、マルコ、ルカ、ヨハネによる四つの福音書と、イエスの死後に弟子となったパウロによる書簡や手紙とを基にして、イエスの死後約三百年以上経ったローマ帝国の時代に帝国の「統治の論理」として、かなり恣意的に編纂されたものなのです。

そして、それこそが今に伝わる新約聖書であり、決して無視はできない重大な事実を内に抱えているのです。

特に新約聖書の編纂に決定的な影響を与えたのはパウロの書簡であり、パウロの布教によって地中海沿岸の非ユダヤ人地域に広がって行ったのでした。

従って、新約聖書は「イエスの主旨を正しく伝えてはいない」という事実をしっかり踏まえ、そこから目をそらしてはならないのです。

確認しますが、当然の事ながら『我々はイエスに忠実でなければならないのであり、改ざんされた聖書に忠実であってはならない』のです。

言い換えれば、改ざんの事実を知っていながら、その聖書を手に持って「聖書に書いてあるから正しい」などと言ってはならないのです。これはもうイエスに対する裏切りであり、大冒涜と言えるでしょう。

キリスト教徒はイエスの存在及びイエスの教えを至上のものとしつつ、イエスの教えをローマ帝国が編纂した新約聖書とは切り離して、勇気を持ってその関係を根底から問い直さなければならないのです。

キリスト教にも様々な系統がありますが、新約聖書を用いている限りどの系統にあってもそこには常に同じ問題が横たわっています。

イエスはユダヤ人限定で道を説いた

イエス在世時イエスは終始旧約聖書の下に生きるイスラエルの民（つまりユダヤ人）に対して敢えて限定的に道を説いていたのでした。

イエスは当然ユダヤ人として生きていて、それは旧約聖書の下に生きるユダヤの歴史上の出来事、つまりユダヤ人の代表モーゼとユダヤの神（ヤハウエ）との契約上の事として、説く対象を敢えてユダヤ人に限定したのでした。

日本人の我々からすると「神との契約」とは何とも不思議な非現実的な気がしますが、これは後編で詳しく論じ、我々でも理解できるようにします。

とにかく、昔から、そして今もユダヤ人にとっては生きる大前提に最も重要なこの「神との契約」

が存在しているのです。

さて、ローマ帝国経由のキリスト教においてはローマ帝国編纂の聖書を新しい「神との契約」として新約聖書と言い、それ以前のイエスの時代の「神との契約」を記録した聖書を旧約聖書と呼称しています。私はこの新約聖書こそ改ざんが繰り返されていて真理に反すると言っているのであり、この新旧の呼称に対しては著者としては極めて不満なのですが、ここは読者が混乱しないために現代のキリスト教の呼称に従う事にします。

イエスはユダヤ人限定で道を説いた事を新約聖書の中に発見できます。それは「カナンの女」（マタイによる福音書十五章二一～二八）の中に出てくる出来事です。（ここは私が聖書を引用した唯一の箇所です。）

それは或る異教徒の女性が「娘が悪霊に苦しめられているので何とか救って欲しい」と布教しているイエスに「救い」を求めます。

イエスの周りにはユダヤ人以外の人達も噂を聞いて集まって来るわけです。そこで、イエスはその女性の願いを断り、「私はイスラエルの民（ユダヤ人）を救う為に生まれてきたのであって異教徒のあなたを救う立場にはないのだ。」と言って突き離します。

それでも彼女は「何とか救ってほしい」とイエスに食い下がり懇願します。そこでイエスは「イスラエルの子供達のパンを取り上げて小犬に与えるわけにはいかないのだ」と異教徒を小犬にたとえて突っぱねます。さらに続けて彼女は「ダビデの子よ、ご尤もです。でも小犬であっても主人の食卓から落ちたパン屑は戴くのです。」と、イエスに食い下がり、さすがにその熱心な姿勢にイエスは願いを受け入れ「あなたの信仰の姿勢は立派です。あなたの願い通りに成るでしょう。」と褒めてやり、その問題を解決してやるという象徴的な場面があるのです。

度々起こるこのような場面でイエスはついてくる異教徒を追い払ったりしますが、救いの手を差し出さなければならない場面も出てきます。そこで、イエスによる「汝の信仰汝を救えり」との発言が生まれたのです。異教徒に対して「私はユダヤ人を救うために地上に遣わされたのであって異教徒を救う立場にはない。だから、それは私が救ったのではなく、あなたの信仰があなた自身を救ったのだ。」というご自身の行動のギリギリの解釈を示したのです。そして、この発言の中にイエスの異教徒に対する姿勢が明確に現れているのです。

これは、明らかにイエスの使命は異教徒を救う立場にはない事を強く表明しているのであり、イエスはそう発言しなければならない十分な理由があって、敢えてそういう言い方までして非ユダヤ人を排除し、ユダヤ人のためだけに道を説くという姿勢を生涯に亘って貫き通したのです。

それにも係わらず、現実のキリスト教はその主旨を簡単に無視して今に至っています。

こんな重要なイエスの発言と行動を、キリスト教徒は何故簡単に無視し続けるのでしょうか。


ここまで世界に広がったキリスト教の実態とは全く正反対に、イエス自身はユダヤの神との契約に沿って「敢えてユダヤ人に限定して道を説いた」という事実は疑う余地はないのです。この事実は聖書研究者にとっては殆ど定着した見解であり、私だけがそう言っているのではありません。

そしてこの事実にこそ、キリスト教の抱える様々な問題を解決するための全てのヒントが含まれているのです。


キリスト教徒なら先ず、この事実に見て見ぬ振りをしたり屁理屈を考えるのではなく、ここに大きな疑問を持つべきです。

そこで、イエスが非ユダヤ人を徹底して排除する姿勢を貫き通した理由とはいったい何かという事が次第に見えてきました。

それさえ分かればこの疑問は完全に払拭できて、今まで気づかなかったイエスの本当の気持ちが理解でき、「目からうろこ」となるでしょう。


そして、現状のキリスト教がそのイエスの主旨に明らかに反している事が明らかになります。

非ユダヤ人のための「罪の贖い」とは?

ユダヤ人の聖典である旧約聖書の創世記には「アダムとイブが蛇に誘惑されて禁断の果実を食べた事が罪を犯した事になり、その子孫までが全て罪を負い、子々孫々までもう救われない状態になってしまった」という、とんでもない事が書いてあるのです。

ユダヤ人には旧約聖書によってこのような呪縛が掛けられているのです。そして、原罪消滅宣言とはこのユダヤ人特有の呪縛を解消するための宣言なのです。

つまり、イエスは「ユダヤ人の抱える原罪観念を消滅させるために」自らの身を磔に処して原罪を肉体と共に消滅させたのであり、それが原罪消滅宣言なのです。ですから、決して「我々人類の罪の贖いのために磔に処された」のではなく、人類のために道を説いたのではないのです。だからこそ、わざわざ非ユダヤ人に「人類を子々孫々まで救われない」とする原罪を植え込んではいけないのです。

「ユダヤ人のために説いた」イエスの教えは多くのユダヤ人には受け入れられず、イエスの死後、パウロはイエスの意志に反して布教の対象を非ユダヤ人にまで拡大していきます。その結果、大犠牲の意味を「ユダヤ人の抱える原罪の贖い」ではなく、イエスが決して望まない「非ユダヤ人のための罪の贖い」にまで拡大解釈せざるを得なくなったのでした。

この拡大解釈はイエスの主旨に大きく反する事になるのです。それは、キリスト教にとって最大限に危険な結果を生み出してしまった事になります。

このままでは磔というイエスの大犠牲を全く意味のないものにしてしまっただけでなく、イエスが天から遣わされた使命を完全に無視した事になり、「ユダヤ人の抱える原罪の贖い」という本来のイエスの大犠牲の意味は失われてしまったのです。そして、それは同時に神との契約に反している事になるのです。

そして、この事がキリスト教の犯した最大の間違いであり、イエスの意志に大きく反する事になってしまったのです。

その結果、原罪という言葉は存在していても、原罪がどうなったのか、どうもならなかったのか、とても分かりにくくなってしまったわけです。

この意味の変質によって、キリスト教は大きく普遍性を失ってしまって現在に至ります。

キリスト教に対する違和感の理由がここに有った

聖書に何らかの違和感を感じる人はここに原因がある事に気づかなければなりません。しかし、この違和感を無視してここを通り過ぎてしまえば、後は多くの人達のようにローマ帝国の権威に圧倒され見事に説得されてしまいます。

ですから、この「非ユダヤ人の為の罪の贖い」とした改ざんは極めて重大な事件で、この事でイエスの存在の本質的意味まで根本から失われてしまったわけです。

当然の事ながら、この修正はイエスの存在の意義に真っ向から反しており、勿論それがイエスの真意ではなく、従って真実ではない事は当然です。これはもはや修正や改ざんとか、書き換えどころではなく、反逆とも言うべき犯罪的行為と言えます。

これに関してヨハネ黙示録には以下の記述があります。イエスの死後暫くして、ヨハネの前に復活したイエスが以下のような場面をヨハネに霊視させます。

その中で、イエスはヨハネに或るキリスト教徒の集団に対して「(彼らキリスト教徒は)ユダヤ人とは自称してはいるがその実ユダヤ人ではなくてサタンの会堂に属する偽キリスト教徒である。(…と続き最後に)…その事態を私は分かってるのだ。」との記述があります。

つまり、復活のイエスはユダヤ人の振りをした非ユダヤ人を指し示して「非ユダヤ人がキリスト教徒を自称する事」を悪魔の如く批判しているのです。ここからも、イエスはユダヤ人に対してのみ「救い」を実践するのだという信念を貫いている事が分かります。これはローマ帝国による新約聖書編纂の三百年近く前の話です。

さて、こうした歪んだ環境の中で「本来はユダヤ人のためだけに説いた教え」である事が明らかな中で、非ユダヤ人のためのキリスト教が次第に成立していきます。

必然的にそこにはユダヤ人のための道を非ユダヤ人に普及するという、誰の目にも明らかな矛盾を抱えてしまう事になります。

当然の事ながら、キリスト教はこの矛盾を何とか回避し、成立の正当な根拠を探さなければならない事態に至ります。

非ユダヤ人のためのキリスト教はその成立の根拠が曖昧のまま何とか正当性を求めようとして、イエスの残した言葉を敢えて拡大解釈し、修正解釈もし、或いは一部削除し、というように、さらに泥の上塗りをして重大な改ざんが浸食していきます。

イエスの主旨に反して次第に非ユダヤ人のためのキリスト教が広まり、やがてそれが主流となりローマ帝国に引き継がれていきます。

この流れは本来なら特別に問題視されなければならない事です。この犯罪的な改ざんによる歪んだ経緯を知ってヨハネの黙示録を読めば、改ざんによってますます混乱していくキリスト教の未来を予見しているように見えてしまいます。

しかし、キリスト教がここまで歪んでしまっても、当のユダヤ人はイエスを「ユダヤの救世主」とは認めていない事から、ユダヤ人側からは「ローマのキリスト教は『神との契約』に反する」という意見は出てこないのだと思います。

以後、単に「契約」と言う時にもこの「神との契約」を指します。

普遍の世界観から問題点を明らかにする

後編で詳しく論じますが、ここで多少の文字を費やして、イエスの真意を正しく知るためにイエスがイスラエルの民のために道を説いた時代に焦点を合わせ、この時から磔《はりつけ》に至る事実を追究してみましょう。

そこには明確なイエスの主旨と目的が見えてきます。そうしてはじめて磔という大犠牲の本当の意味が浮き上がり、心底納得できる真実が浮き上がってきて、イエスの本来の姿が見えてきます。

そのためには今一度、決して拡大解釈などしない、修正解釈などしない、改ざんされていないイエスの教えの原点に戻る必要があります。

私は普遍の真理の求道者として、全ての宗教を位置付けして肯定しようとしています。

私は自らの修行を通して、心から納得できるイエスの姿を求めていて、やっとここにきてその答えが得られたのです。

イエスは明確な理由があってユダヤ民族のために道を説いたのです。そして、それはユダヤ人に説くのでなければ意味が無いだけではなく、そもそもそうしなければ神との契約に反してしまう事が明らかになりました。

そして、もしイエスが人類のために道を説くのであれば、最初から徹底的に普遍性を確保しながらその様な論理建てで全人類のために道を説くに違いないのです。

ところで、イエスに限らず修行を積んで覚醒した人は覚醒した世界を知って何を最も重大な事として人々に伝えたいかと言えば、それは「人間は最終的に皆救われるのだ」という事です。ここでの「救われ」とは病気が治るとかお金が儲かるとか、そういう現象面の事ではなく、魂として平安の境地に導かれるという意味です。

覚醒した人は皆このような基本的原理においては完全に一致しているのです。そして、それが覚醒なのです。

その覚醒した立場から人類のために道を説くのであれば、この事を最大限に重要視して道を説くことになるのです。そして今、イエスは原罪消滅宣言によって私と共にその立場に居て新しく道を説いているのです。

それは般若心経の根幹を成している真理です。色不異空・空不異色、色即是空・空即是色です。人間の本質は宇宙の本質であり、宇宙の本質は人間の本質である。そして、人間は「人」であり、同時に「神」であり、元々『空』という『実在』なのだから人間はいつでも『空』という『実在』に還れる、という事を一番最初に説くわけです。

熊野権現の啓示も一遍上人（いっぺんしょうにん）の問いに対してそこを伝えたわけです。その意味は「十劫の昔つまり宇宙の一番初めから人間が救われる事は既に決まっている事なのだ。」という事なのです。覚醒すればそう自覚できるのです。

原罪の呪縛から開放するのがイエスの天命

「アダムとイブが罪を犯した事により、その子孫までが全て罪を負い、子々孫々までもう救われない状態になってしまった」という旧約聖書の呪縛の中では、ユダヤ人は子々孫々まで一切救われない事になります。

そこで、覚醒したイエスはそのような旧約聖書の呪縛からユダヤ人を解放し、「誰もが救われる」という事を彼らに明確に伝えるという使命を与えられたわけです。

これは、ユダヤの神とユダヤ人との契約をイエスが実践している場面ですから、説く相手はユダヤ人でなければならないのです。

そこで、イエスはそんなアダムとイブが犯した罪などは初めから無いのだ…。と言うのではなく、その罪を私一人が全部背負って、私が磔になる事で罪そのものをイエス一人が全部背負う事にして、最期の大犠牲を臭わせながらその成就に向かって道を説いていきます。皆さん、この重要な意味、わかりますか?

イエスは「アダムとイブの罪」を直接否定はせずに、その真偽には触れずに、つまり聖典として旧約聖書を否定しないでユダヤ人（つまりイスラエルの民）を救おうとするわけです。だからこそ、異教徒のカナンの女ではなくユダヤ人を救うのです。

もし罪という言葉を遣うならば、今ここで扱う罪とは今そこで現実に泥棒したとか、人を殺したとか、その罪を赦すとか赦さないとか、そういう次元の罪の意味ではありません。現状の新約聖書の中で語られる罪とは、これから赦されるのか、既に赦されたのか明確ではありません。

そこで、私はこの書の中でそこに切り込む事はしません。敢えてここではその種の罪の扱い方には一切触れない事にします。

この種の罪は何処の宗教でも扱う事でありますし、扱い方には様々な方法があって良いのだと思います。

そして、今ここで扱う罪とはそれらの罪ではなく、原罪の事であり、一般の罪とは明確に区別して議論されなければなりません。原罪とはユダヤ人が生まれながらに持ち合わせた罪であり、旧約聖書の中で説かれてきたアダムとイブが生み出した原罪の話が先にあっての事なのです。

私は他の著書の中でこの種の罪を拡張して分類し、『自明行』という手法で善悪の対立を超越した『空』という『実在』、即ち一元論の世界にまで到達する方法を示しています。ここではその手法については述べずに「一元論の世界が存在する事」までを示すに留めます。そして、一元論とは般若心経で説かれる『空』という『実在』の世界であり、「善悪二元論を超越した世界」という意味です。

一元論の話は今後しばしば出てきて、より具体的にイメージを作って行きます。混乱する人がいるかも知れません。先ずは、簡単に理解できるところから、読んでいただければ、次第により深く理解できると思います。一元論が理解できると、世界は大きく展開していきます。

パウロが主旨を歪め、ローマ帝国が根本を改ざんした

般若心経を解読した立場の私から言えば、仏教が歴史の中で多くの人達の手で書き加えられ、歪められ、全く原形を留めないまでに歪んでしまいましたが、旧約聖書も同じように多くの人の手が加え

られ、実に中途半端な神が複数登場し、真実の神の言葉は極端に薄められてしまったと見えます。
そして、キリスト教においても新約聖書の成立とローマ帝国の国教となる経緯自体が矛盾に満ちていて、しかも聖書編纂までには三百年もかかっていて、多くの人の手が加えられ、新約聖書の中のイエスご自身の言葉は三分の一にも満たないのです。言い換えれば三分の二以上はイエスの言葉ではないのです。

三百年もの長い期間があればイエスは神格化されて祭り上げられ、当然のごとく非ユダヤ化のための理論構築が進みました。そこではユダヤ人のために説かれたイエスの言葉の数々に対しては徹底した非ユダヤ化が行われ、さらに改ざんや修正や削除が行われました。しかも、イエスが布教した環境はローマ帝国の支配下にあり、イエスの説く内容にはローマに対する対立要素が有る事は否定しきれません。
それにも拘わらず、コンスタンチヌス帝の時代にキリスト教がローマ帝国に取り込まれ、ニカイア会議（ＡＤ三二五年）から始まる数十年で今の聖書が編纂される事になります。この時に体制側に都合の悪い内容は削除され、都合の良い内容に改ざんされていきます。そして、（ＡＤ三九二年）ローマ帝国の国教にまで成るのです。

どの宗教にもあるように教祖の神格化と絶対化が進められ、そのために独善という猛毒が加えられてしまい、この毒が未来に致命的な禍根を残してしまいました。

ローマ帝国による神格化のための改ざんの中で最も危険な事は、「イエスのみが人類の中で唯一の神の子である」とする強引な考え方、つまり、独善という「毒」が混入された事です。この「毒」こそ、イエスにしてみれば自らの立場を著しく誤認させる事であり、大いなる迷惑なのです。それがイエスからの強力なメッセージです。

そしてこの毒の効果を高めるために、イエスのみが「神の子」で人間は被造物であるとの明確な区別と差別が徹底されました。これが第二の「毒」でしょう。

非ユダヤ人向けに編纂された毒入りのキリスト教はとても誘惑的で、脅迫的で、信仰を深める特効薬ですが、決して真実ではありません。

この毒によって真実は歪められ、キリスト教は完全に普遍性を失ってしまったのです。イエスの教えをユダヤ人に限定しておけば、この毒を用いる必要は無く決して普遍性を失う事は無かったのです。

つまり、人類に対して「イエスのみが神の子であり、人間は被造物である。」「人類はキリスト教徒でなければ救われない」と公言する、極めて傲慢な主張になってしまったわけです。その事はいずれ破綻する大きな矛盾を内包してしまった事を意味します。

従って、毒の入った今の聖書の中の一言一句をそのまま全てをイエスの言葉とする事は絶対に避けなければなりません。

そしてさらに、毒は発見できても、改ざんの箇所を見つめても、礫の本当の意味についてその核心的な所はなかなか分からなかったのでした。

そして今、原罪消滅宣言が明らかになった事で、多くの人達はその疑問と謎が解けて心底納得できたのではないでしょうか。

さてそこで、先ほどのキリスト教が持つ危険な毒の解毒に関して述べておきます。

原始キリスト教から続くキリスト教の一派である「グノーシス派」は後にローマに弾圧され、彼らの持つ資料も聖書編纂時に焚書となり、彼らの資料は殆ど残ってはなく、その活動内容はよく知られないままとなっていました。ところが、二〇世紀になってからエジプトの地方都市の地下で発見されたグノーシス派・トマスの福音書にはイエスの言葉として「イエスだけが『神の子』ではない。誰もが『神の子』に成れる。自分をよく知る事によって成れる。」と書いてあるパピルス文書が見つかりました。

まさに、これは般若心経に説かれた真理と完全に合致します。イエスが神の子なら我々人間もやはり神の子でなければなりません。

これこそが真理に違いないのですが、ローマ帝国経由のキリスト教はイエスと民衆を差別するために、「イエスを神の子、人間は神によって創られた被造物」と改ざんしたのです。

常にその改ざんの方向はイエスの神格化、絶対化、教えの非ユダヤ化、そしてさらに帝国の体制強化教会の維持と保全の方向に成されたのです。

このローマ帝国の強引な改ざんの結果では、異端といえど、偽書といえど、それはローマ帝国による「統治の論理」から見ての判断であるのです。従って、これまで異端として扱われて弾圧を受けたグノーシス派や偽書として扱われたマグダラのマリアの福音書、ユダの福音書の中にも多くのリアリティーのある描写や真理の言葉を発見する事ができます。

それ故に、私達はこれらの中からイエスの真の言葉を正しく選択しつつ、毒を抽出して破棄し排除しなければなりません。心を澄ましてこれらの混乱の中からイエスの真実のみをすくい上げなければならないのです。そしてそれは可能なのです。

さて、ここまで読んでいただければローマ由来のキリスト教がイエスの主旨に大きく反していることはもう誰の目にも明らかでしょう。

私はこの一点を重大視して、イエスに直接問いかけ続けたのです。読者も是非この点から目を離さずに次に読み進んでください。

Ⅱ章

原罪消滅宣言

原罪消滅宣言をイエスから受け取った

さて、玉石混淆の旧約聖書の中ではアダムとイブが創った罪を背負ったユダヤ人は天国には行けないし、永遠の命は得られない事になっていたのでした。

そこでイエスは、初めにそれらの全く不条理な「アダムとイブ」の作った罪を纏めてそれを原罪として明確に位置づけたのです。

「アダムとイブ」が残した罪を正面から否定するのではなく、一旦それを認めた姿勢を示し、それらの罪をひとまとめにするためにイエスは原罪という概念を導入したのです。

そして、この瞬間にその結末としての大犠牲は決まったと言えるのです。この原罪を磔によって解消しようとしたわけです。これはキリスト教徒以外の者であっても、実に大胆な真の愛と勇気に満ちた行動であると思うところです。

イエスは最後に磔という大犠牲を歴史に残す事で、「原罪を全て私が贖った。」「それらの原罪は私の肉体の消滅と共に全部解消したのだ。」という原罪消滅宣言に至るのです。

その原罪消滅宣言を私は昨日受け取り、本日（二〇一八年七月九日）ここに発表します。（さらに二年かけてこの書をまとめています。)

これは霊的啓示ですが、まさに画竜点睛といえる啓示でした。私からは全く理解できない異質なキリスト教が、この一言で全て見えてきました。そして何よりもイエスの主旨が明確に理解できた事が私の人生にとって最大級の有り難い体験でした。

この原罪消滅宣言はイエスの磔の本質的意味を理解しようとする人にしか意味を持ちません。でもそれはそれで良いのではないでしょうか。

そして、イエスの教えは原罪消滅宣言によって見事に成就した事になるのです。

もし原罪消滅宣言がないと大犠牲の意味が無くなり、ご自分の説いた原罪が子々孫々まで残ってしまう事になるのです。

そして、原罪消滅宣言が成される事で初めて、何故《なにゆえ》にイエスが異教徒を排除しイスラエルの民だけに道を説いたのかも明らかになるのです。

原罪消滅宣言の啓示を受けたのは昨日ですが、その事でユダヤの歴史と価値観を自らの死と共に解消した事が明らかになりました。そして、原罪消滅宣言のインパクトはこれだけに留《とど》まりません。これから始まる一連のストーリーは過去のキリスト教の誤りを明確にしつつ、それを正し、未来を創るための重要なキーワードである事を明らかにしていきます。

キリスト教を再生し、一元論に繋《つな》ぐ

イエスによる原罪消滅宣言によって私の疑念は完全に払拭されましたが、これをキリスト教徒に伝えることにどんな意味を持つのか、それを考えています。

ローマ帝国由来のキリスト教は成立の過程においてその根底から間違っているので、ヨハネ黙示録でいうところの偽キリスト教であり、部分の修正では再生できません。

ですから、キリスト教再生とは偽キリスト教を正規のキリスト教に再生することを意味していて、部分の修正で済むことではなく、原罪消滅宣言によって根底から作り替えて私の開拓した般若心経の世界、即ち一元論の世界に繋げることを目的にしようと思います。

何故なら、イエスの教えはユダヤ人専用のモノであり、それを受けて私がそこに普遍性を回復して、人類の恒久平和の道の一つとして人類に提示することは私の役目だと思うからです。

さて、イエスから私に与えられた霊験で、私はほんのいっとき当時の民衆の中に置かれました。それはたった三〇秒くらいの感じでした。

民衆に向かって道を説くイエスの意識と民衆の意識の間には越えがたいほどのギャップがありまし

た。その場面は言葉で何を言っても到底話が通じるような場面ではなかったのです。この霊験を通して、混乱した当時の民衆の状況が痛いほど伝わってきました。

イエスとしては「罪を犯したアダムとイブ以来、もう救われる事はない」と信じる当時のイスラエルの民を前にして、この強烈な旧約聖書の呪縛から解き放つためには何か強烈な一発が必要なのでした。民衆に「絶対に救われるんだ」と思わせるその何かが必要だったのです。

「あの時代、旧約聖書の強烈な呪縛の中にあったイスラエルの民をこの呪縛から解き放つ事がイエスの使命であった」のでした。私はこの当時の民衆の強烈な思いを知った事を契機に、これまで持っていた幾つかの疑問が私の中で一気に氷解していくのを感じていました。

そのような環境の中で、遂に磔による大犠牲という歴史に残る事件が発生するに至るのです。

それは究極の解決策として、イエスの背後で運命を指導する天使と称されたガブリエルを中心とする、天使団及び地球に関連する霊団によって準備され、実行されたのでした。

天使団の中でもガブリエルはユダヤ教、原始キリスト教、イスラム教、それぞれの発祥において一貫して係わってくる中心的な存在である事を記憶に留めておいて下さい。

私達は当時のイエスの置かれたこの究極の状況を理解しなければなりません。

「磔によるイエスの死」によってイエスは使命を果たしたのです。

しかし、一見この事でイエスの使命は完結したかに見えますが、実はここで完結したのではないのです。イエスの使命の完結は、その死を受けての原罪消滅宣言まで、つまり現代まで待たなければならなかったのです。

そして今、イエスがそれを宣言する時が来て、私を通して説いている事になります。

原罪消滅宣言を根幹にキリスト教再生をする

このようにユダヤ人の置かれたこの「特殊事情」の中で成されたのが大犠牲でありました。ですから、非ユダヤ人に対しての「人類の現実の罪を背負って磔になった」というのはイエスの死後のつじつま合わせの拡大解釈であり、ピント外れの曲解であり、真実ではないという事なのです。

イエスはイスラエルの民に限定して説いていたのですから、それを知っている弟子達は当然それを守るべきでした。本来ならイエスの死後弟子達によってその真の意味を悟り、直ちに「原罪消滅宣言」が成される方法もあった筈ですが、弟子達にはそこまでの使命は与えられていなかったと理解できます。

しかし、そしてそれが二千年後の今に成されたとしても、それでも十分に意味があると言えます。現代こそ「原罪消滅宣言」に重大な意味が有るのだとも言えるのでしょう。

そして、ここに示した原罪を解消する大犠牲のみが特殊な環境にあったユダヤの民衆の意識を大きく変える事の出来るものであり、それが今からであっても、我々にも十分に納得できるし、誰もが大犠牲を理解し、イエスを心から尊敬できると思えるわけです。

だから、イエスの大犠牲の真実を知らずに生きてしまったキリスト教徒は、今こそ原罪消滅宣言を受け入れて大犠牲の意味を改めて元々の意味に限定し、そこを一番大事にして新たな行動を起こして欲しいわけです。そこにこそ現代のキリスト教徒が生きる新たな道があると思えます。

そして、当然同じ事がユダヤ教徒に対しても言える事になります。

つまり、原罪はもうどこにも存在しないのです。イエスの磔と共に完全に消滅したのですから、今更「エデンの園」であの時果実を食べたことの赦しを請う必要も無いし、これから原罪を消滅して戴く必要も無いのです。

この原則を大事にしてこそ、イエスの使徒と言えるのではないでしょうか。そうでなければローマ帝国の使徒である事になります。

イエス様はすごいお方で私達の犯した罪を十字架で身代わりとなって…と言うように、ユダヤ人のために説かれた原罪を非ユダヤ人に無理に当てはめて、歪めて拡大解釈してはならないのです。況してや、もはや存在しない原罪を逃れられない罪として非ユダヤ人に布教してはならないのです。

自分達を非ユダヤ人と知りながら、異教徒としてなのか、それとも準ユダヤ人のつもりなのか、ユダヤ人とユダヤの神（ヤハウエ）との契約上、ここを曖昧にしてはならないのです。

そして、原罪をわざわざ自分達の罪のように理解するような拡大解釈は敢えて泥沼に入っていく事を意味します。それはイエスの主旨にまったく合致しません。そしてそれは本来の原罪の意味を歪め、人々をわざわざ苦しめてしまいます。

普遍性を失わないために必要な事

イエスの名によってユダヤ人以外を救う事は「ヤハウエとの契約違反」になる事は既に明らかですが、パウロのように対象を非ユダヤ人にまで拡大したいと思う人は多いと思います。それを咎める気持ちにはなれない人は多いと思います。このような間違いはキリスト教に限らず、どの地域限定の宗教でも散々成されてきた間違いです。

そこで、この事を未来の人類のために『般若心経の普遍的な世界観』から評価しておきましょう。

ヤハウエをユダヤの神とし、さらに同時にヤハウエを宇宙の「唯一の神」とする限りには、それはユダヤ人限定でこそ成り立つ省略であり、そこには大きな効果と共に当然真実から離れた事による矛盾も生じます。布教する側はこの説き方の限界を正しく知り、この矛盾を最低に抑える工夫をすることが常に求められているのです。

それはつまり、この矛盾を最低に抑えるためにユダヤ人限定にしなければならないのです。つまり、ユダヤ民族という一民族内に限定すればヤハウエを民族の神とすることは宇宙的に許されていると考えられます。

日本においても似たようなことはあります。

この件は後編において十分に議論しますが、絶対性の象徴として、例えばヤハウエ、或いはイエスという人格を取る場合には、それは真理の普遍性を失わないようにするために、説く対象範囲を可能な限り限定することが重要な条件となります。

これまでの宇宙と生命の歴史の中では、説く側と説かれる側のその進化の程度に大きな差があり、世界観をそのまま説明しても理解できない対象であれば、宇宙の絶対性を人格に象徴して説くことは時間と空間の限定条件付きで許可されると考えられます。

しかしそれであっても、その後の対象の進化がかなり進んだ段階では普遍的な世界観を示すことが条件とされているのです。

その時は責任上未進化の時点で説いた普遍性を欠いた内容を否定してでも、進化を一段階進める指導をする必要があります。その時には必ず未進化の内容を固執して強く逆らう人達が出てくることに成りますが、そこに一段階進化を進める道筋を残しておけばそれで良いと考えられます。

ですから、上記の限定条件を外して人類に向かってユダヤ民族の神と宇宙の「唯一の神」を同じ神（ヤハウエ）として説く事は出来ないのです。それをした途端、普遍性を大きく失い混乱だけが残ってしまいます。今のキリスト教がそうであるようにです。

宇宙の究極の存在（『空』という『実在』）は個性を超越した存在ですから、それを個性で限定してはならず、そこに個性に限定される人格を持ってくる場合には対象の範囲と時間と空間を限定し、目的を限定する必要があるのです。

つまり、契約した神は普遍の真理の立場から、対象をユダヤ人に限定し、イエスはそれを正しく知っていたからそれを貫いたのです。私はその事に同感し納得するところです。

さらにもう一つ、当時の中東地域の人々は民族を単位として民族を一つの国家のように生きていました。未だ人類という観念は薄い時代でしたから、その中でイエスの教えをユダヤ民族内で限定的に捉える事は当然の事でありました。それを敢えて他民族にまで拡張したり、況してや未だ確認できていない人類にまで拡張する事を同じ論理で説明する事は不可能だった事は容易に想像できるのです。

そもそもイエスはユダヤ人を対象に道を説いたのである事と、その後の新約聖書がかなり恣意的に編纂された事は私が語るまでもなく、聖書研究者の間では常識であり、そこに疑う余地はないのです。

ここまでの説明によって、ローマ帝国由来のキリスト教はイエスの説いた宗教ではないことを示しています。イエスにとっても自分の名が利用され、自分のさまざまな発言が勝手に自分の主旨に反して利用されていると感じていると思います。

欧米では歴史的にキリスト教が社会を作って来ていますから、この事実を知ることはあまりにも重大なことです。そんなことは無いことにしたい気持ちも分かります。しかし、今その虚偽の歴史によって大きな矛盾を生み出し、世界が存亡の危機に追い込まれているとするならば、ここは原点に戻って考え直さなければならない場面なのです。

そして私は今、イエスとのコンタクトにより、イエスの主旨を理解し、キリスト教再生の準備をしようとしている訳なのです。

そして、私はキリスト教徒ではありませんから、それを実際に行動に移すのは現在のキリスト教徒であるべきだと思っています。

もし、このまま放置しておいても、終末論に語られるように何かが崩壊するのを待てば済みそうですが、それでは騙された人達が犠牲になります。そしてイエスを信じ、イエスに帰依してきたキリスト教徒を騙した側と同じ運命に追いやることになります。

現状のキリスト教徒とはイエスが元々対象としたユダヤ人ではないことと、イエスには「ユダヤ人の救世主」という明らかな天命があって、それ故に直接非ユダヤ人には関われないという、何とも複雑な捻れた関係になっていて、そこが実に難しいところです。

その捻れた関係を解きほぐし、非ユダヤ人でありながらイエスを信じたい人たちを助け出すという、実に困難な作業を何とか筋道立てて計画的に、それを説明しようと思います。付いてきてください。

原罪消滅宣言は一元論の入り口

さて、そこで今、既にユダヤ人に対してイエスの原罪消滅宣言が成されましたから、その事の意味は既に原罪は存在せず原罪からは開放されていて、最終的には皆が救われるんだという面を強調している事にあるのです。

自称キリスト教徒がここまでローマ帝国由来のキリスト教を信仰し、結果的にその中でイエスに対する重大な反逆行為をしてしまっていても、それも含めてヨハネ黙示録に言うところの「偽キリスト教徒」が救われキリスト教が再生できる道をイエスは陰から示そうとして下さっていると私は考えています。

陰からという意味は、イエスはどこまでも「ユダヤ人の救世主」であり、イエスの天命は「ユダヤ人の救世主」と一対一に対応しているのです。ですから、イエスは表向き非ユダヤ人の欺瞞《ぎまん》に満ちたキリスト教とその信奉者を救うという、その様な天命を持ってはいないのです。

つまり、表向き動けないということは、原則的に裏から動く必要があるという意味に成ります。それがイエスが非ユダヤ人に示す愛なのです。

今のキリスト教の実態を知れば、ヨハネ黙示録にあるように「偽キリスト教徒」と言われてもしかたがないと知るべきです。

偽キリスト教徒と呼ばれてくさる必要は無いと思います。結局本物のキリスト教徒は原罪消滅宣言の後に出てくる事になるからです。

さて、この書を「イエスからのメッセージ」として、イエスと私の共著のように著している私にも、その役割上強い制約が掛かっているのです。ローマ帝国由来のキリスト教の間違いを正してそれを示すだけでは今のキリスト教徒にとってはイエスとの関係性がどこまでも不明瞭で、結果不安だけを与えることになってしまいます。

私としては従来のキリスト教の間違いを正しながら、私が体得した一元論の世界観、つまり『般若心経の普遍的な世界観』を示し、その中に再生されたキリスト教を結合すること、それだけが私に許された道であると認識しています。それをイエスと共にここに示してこそ、イエスとしても私としても、共に新たな道を開拓してユダヤ人限定ではなく、全ての人類に未来を示すことが出来ると考えているのです。

イエスの教えの最終章はたった今、原罪消滅宣言によって始まったばかりです。これから本物のキリスト教徒になるのです。乗り遅れないようにしなければなりません。それは、人類の偉大なる進化と言えるでしょう。そして、この時ここから先はキリスト教は普遍性を回復してユダヤ人限定の制限が解かれる時が来るであろうとの前提です。私が示すいくつかの条件を満たせばそれは可能であると考えます。

原罪消滅宣言とは、昨夜初めて私が受けた啓示なのですが、その内容は『般若心経の普遍的な世界観』から見れば、それは当然の事として理解できるのです。ですから、イエスの教えは『般若心経の普遍的な世界観』と密な関係にあるのです。つまり、原罪消滅宣言は一元論的世界観から導かれて発信されているのです。

イエスはキリスト教徒を『般若心経の普遍的な世界観』にまで導こうとしているのです。それ以外にはユダヤ人限定で説かれたキリスト教を再生し、非ユダヤ人がイエスに帰依する道はないと言えるのです。

そして、そこに私の出番が用意されていると思えたのです。

私の書いている主旨が私の意見に過ぎないのか、イエスの思想そのものなのか、「それを読者が決めることだ」と言ってはなりません。その真実は読者が決めることではなく、読者に関係なく既に決まっていることです。

原罪消滅宣言が本日示されたという事実は、短命を承知で生きたイエスの死後も含めた大いなる計画の最終章であると捉える事が出来ると思います。

予備知識としての「知性と魂の実力」

救われを得て覚醒に達するには真理の普遍性を追求する姿勢が生死を分けます。普遍性を無視し絶対性だけを求めると、直ぐに人は自分たちに都合良く改ざんし、自分が或いは自分達が「簡単に世界

「偉い人」になってしまいます。人類の歴史はそんな宗教の繰り返しだと言えるでしょう。

現代に於いて普遍性を支えるのは知性です。知性を失えばたちまち独善的な理解が生まれ、底なしの沼に足を取られてしまいます。知性を失えばたちまち「宇宙人の罪の贖い」などという発想が生まれてしまいます。だからこそ、知性を最大限大切にしなければなりません。

古代から覚醒を得た人は全て自らの魂の実力があって、神霊に導かれて修行をして覚醒に達したのです。

しかしその一方で、その覚者の話を聞く人達は自分に都合良く解釈し、改ざんし、徹底して普遍性を無視し、都合の良い絶対性だけを求めて「自分が一番偉い人」或いは「自分達の宗教が世界一優れている」と理解し、独善的な世界を創り上げてきました。

※　以下の段落で示した部分は、将来、解釈の違いが発生しないように、詳細を知るための資料として残すのが目的です。以降、※印は同様です。

私は『般若心経の普遍的な世界観』を時々持ち出しますが、覚醒した立場からそうしなければならない理由があるのです。

原罪消滅宣言によって「人間には罪はない」との認識は善悪二元論の中だけでは成り立ちま

せん。善悪二元論から一元論に移行する時に原罪消滅宣言は極めて大きな意味を持つのです。ですから、イエスは二千年後にこれを説き、善悪二元論から一元論に人々を導こうとしているのです。

この事は『般若心経の普遍的な世界観』から言えば、『実在』を認識する事でもあります。この事は『空』に帰還する道を追求する事でもあります。そして、この事は時空を超越した完全な世界、全肯定の神の世界に入る事を意味します。その切り替わり時点に於いては善悪二元論と一元論とを行ったり来たりする事になります。そして、ここではいよいよ「人間は神の創造物」という認識を変えなければなりません。人間の本質は神と同じであり、創られたモノではありません。

イエスは善悪二元論の中で道を説いているようにも思えますが、決して一元論を否定しているわけではなく、一元論をその思想の根底に置いて説いている事をこれから示していきたいと思います。

善悪二元論の中で一元論を一緒に説くと、行じる方は忽ち混乱を生じます。一元論を実践するには「自らの中に有る嘘」を正しく知ることが条件となります。

「自らの中に有る嘘」の全てを知らずとも、その嘘を全て無くそうとしなくても、自分の中の嘘の概略位置を知っていなければ、二元論の導入は偽善者を作るだけになってしまい、大変危険な行程になるのです。

そこで、私は皆さんを偽善者にしてしまわないために、重要な指摘をしておきます。一元論の世界は直ぐ近くに存在しています。しかしそこに到達するためには、善悪の世界を離れ、自分の中に有って気付かずにいる様々な嘘を「嘘」として位置づけるという、十年単位の修行が必要です。

その「嘘の発見」のための行（自明行）の詳細は、より一般化して、拙著『人間やりなおし』（献文舎）及び、『未完成だった般若心経』（献文舎）に詳しく著しました。一元論にまで到達したいと願う読者には、是非それを読んでいただきたく思います。

ですから現実的な生き方としては、先ずは一元論の世界の存在のみを確信して、さらに関心があれば、それがどういうモノかを知って、その上で自分は今、善悪二元論の世界の中に生きていることを確認しつつ、決して知識や屁理屈で一元論を演じてはいけないということです。

つまり、一元論の存在を知っていれば、今は一元論で生きなくても、善悪二元論の中で生きて良いということです。しかしながら、善悪二元論の中では必ず矛盾が出てきますから、その時に、一元論の中に入って解釈する事で解決しつつ、その様な生き方を繰り返していく内に、次第に一元論の中に浸透していくことになります。そして、この先に有るのが『般若心経の普遍的な世界観』なのです。

さらにここでは、原罪消滅宣言を具体性有るモノとして説く必要がありますから、現実には善悪二元論を実践しつつ、その先に一元論の世界が存在することを確信して、しかし現実には善悪二元論の中で生きていく道を、イエスの名の下に示すことになります。それは善悪二元論の中で、しかも一元論との境界付近で生きることを意味します。これが一元論導入のための現実路線です。

このように、原罪消滅宣言を展開する時には、常に善悪二元論と一元論との境界に差しかかっていて、次第にその境界を越えていく事を意識しておいて下さい。そしてこれは人類にとって大いなる進化なのです。

今後も一元論、及び一元論と善悪二元論の交差する場面では、何度も『般若心経の普遍的な世界観』が引用される事になります。

イエスの真実を世に出す

そこで、原罪消滅宣言を受けて私の立場で言える事を纏めておきます。

イエスは非ユダヤ人を排除するという姿勢を明確に示してきましたが、その方針は弟子達によって無視され、ローマ帝国由来のキリスト教にまで発展し、非ユダヤ人の為のキリスト教が世界に流布してしまったのでした。正直言って、ここまではヨハネ黙示録でいう偽キリスト教徒の仕業なのです。契約は無視された事になります。

その様な経緯から、現状のキリスト教も間違いなくその偽キリスト教であり、偽キリスト教徒と呼ぶべきなのですが、ここではいちいち「偽」とは言わずに可能な限りキリスト教、キリスト教徒と表現します。

ですから、イエスから見れば原始キリスト教だけが自分が生み出した正当なキリスト教であり、いちいち「偽」を付けなくてもそれ以外のキリスト教は全て偽キリスト教であることになります。そこで以下は同じ意味ですが、偽の意味を強調する時のみ偽キリスト教と呼ぶことにします。

そこでキリスト教徒としては、ここは必死で聖書ではなく、イエスを信じ切り、原罪消滅宣言を受け入れなければなりません。そうすれば、これまで聖書をイエスと同じと信じてしまったユダヤ人ではないキリスト教徒達をイエスは必ず救い上げて下さるであろうことを私は信じたいと思います。つまり、ここは何処までも私の意見として書いていることを注意してください。イエスはまだ一切そうとは語っていないのですから。

そして今、原罪消滅宣言が成された事により、それが誰であってもそれを受け入れさえすれば原罪は消滅した事になります。

つまり、非ユダヤ人が原罪消滅宣言を受け入れ、真理の普遍性の立場から、即ち『般若心経の普遍的な世界観』から普遍性を回復する処理（後述）さえすれば、非ユダヤ人も否定されずにイエスに対する信仰を新たな形で継続できると私は考えています。

しかし、それは私が決める事ではありませんから、それをイエスにお願いする事により、それが許される事は十分にあり得るという意味になります。

ただし、原罪消滅宣言を受け入れ普遍性を回復するという事は、聖書を書き換えなければならない事を意味します。

そしてその上で、イエスの死後に非ユダヤ人が積み上げたこの大きく歪んだキリスト教の実態を明らかにして、それをどう扱うか、その事から議論しなければなりません。

私がこの書を著す目的は現代のキリスト教徒のためのキリスト教再生なのであり、決してバチカンの法王庁やそこから派生した世界のキリスト教各派に関してではありません。バチカンや教会に関することはキリスト教徒ではないこの私が敢えて係わるべきではないと思うので、そこに言及する事は控えています。

私の捉えるキリスト教再生

ローマ帝国由来の非ユダヤ人のためのキリスト教再生に関しては、今の段階でイエスは何も語りたくはないのです。もし語れば中途半端では済まずに、徹底したバチカン批判にならざるを得ないし、しかもわざわざそれを語ることは本来の「ユダヤ人のための救世主」という立場を曖昧にしてしまうことになり、イエスの本来の主旨を周囲が見誤る怖れがあるからなのです。

イエスご自身は「ローマ帝国由来のキリスト教には私（イエス）は全く関係ない」という姿勢を示すことに意味があるのです。

それでここはこの私（著者）に勝手に語らせてみようと言うことなのです。言い方を変えれば、ここはこの私に勝手に語らせておくことの中にこっそりイエスの主旨を入れておこうということなのです。

【1】『般若心経の普遍的な世界観』に立ち、私の示した方法で善悪二元論を一元論に結合し、原罪

消滅宣言を基にして現状のキリスト教を作り替えて、普遍性を回復する事でキリスト教を再生する。『般若心経の普遍的な世界観』を受け入れれば原罪消滅宣言により原罪が消滅したという前提に立てる事になります。つまり、もともとユダヤ人限定だった原罪消滅宣言を般若心経の一元論に結合させることで普遍性を回復し、そして非ユダヤ人がそれを受け入れさえすれば、その時から原罪は人類のモノとして消滅したことになります。そうすれば「原罪をわざわざすり込んだ」という批判は避けられる事になり、原罪を前提とするキリスト教は人類のモノに書き換えられ、それによって非ユダヤ人を排除するという理由の一つは消滅し、普遍的な宗教に生まれ変わることが出来ると私は考えます。

ここは敢えてイエスを抜きにして、原罪消滅宣言と『般若心経の普遍的な世界観』に立ってヨハネ黙示録で言うところの非ユダヤ人によるキリスト教徒のためのキリスト教再生を考えてみましょう。

何故イエス抜きなのかと言えば、それは私や非ユダヤ人が決める事ではなく、最終的にイエスにお願いしなければならない事だからです。何を提案しようと最終的にイエスが「ノー」と言えばそれまでの事なのです。

そして「ノー」の場合も十分有り得ると思います。

つまり、上記以外に最初から認めないとする〔2〕と〔3〕の以下の例が思い浮かびます。他にもあるかも知れません。

【2】これまでのパウロ・ローマ帝国経由のキリスト教を「パウロ教」とか「ローマ教」とか位置づけ、帰依の対象をパウロに変更し、イエスの教えから切り離し、それとは別に原罪消滅宣言に基づいたイエスの主旨にかなった進化したキリスト教を追究するという事だって有り得ると思います。

【3】それから、もう一つ有り得る事として、イエスの立場としては非ユダヤ人に説いたパウロの書簡などやそれを基にしたローマ帝国経由のキリスト教を一切認めず、モーゼまで戻り「神との契約上、ユダヤ人以外に向けたキリスト教は帰依の対象としてイエスの名を持ち出すな。自分には一切関係が無い。」と言われてしまえばそれまでです。確かにこれがイエスとしては一貫した姿勢であり、最も筋が通っていると思われます。

ただし、「汝の信仰汝を救えり」のイエスの発言を思い出して、何とかカナンの女の立場での信仰を許して戴くようにお願いすることは許されるのではないでしょうか。

イエスとしてはローマ帝国由来のキリスト教の内容は「自分は知らないし、一切関知しない」と言うでしょう。ですから、それを多少でも認めることはヤハウエとの契約に反するので終始無視して放置した上で、『私(イエス)が一切関知しないところで私の名前を勝手に使うな。』と念を押す事になるかも知れません。

そうしてみると、イエスはその立場上からもパウロやローマ帝国由来のキリスト教についての説明などはご自身には関係ないこととして一切係わりたくはないでしょう。

しかも、この歪んだキリスト教というイエスの主旨ではないものをこのまま放置しておくわけにもいきませんから、今この書で私にこんなに自由に喋らせているのではないかと思えてきます。私としては「こんなに私に喋らせて良いのだろうか。」と不思議に思っていましたが、わざわざ私に「原罪消滅宣言」を伝えて、間接的に非ユダヤ人向けのメッセージを伝えてきているのだろうと思えてきたのです。

以降【1】【2】【3】の選択肢を念頭に置いて読み進んで下さい。

イエスは原罪消滅宣言から切り込み「空への帰還」まで説こうとしている

私はこれまで長い間キリスト教がなかなかしっくりこなくて、どうしても腑に落ちないで居たのですが、原罪消滅宣言によってやっとイエスの主旨が理解できました。そして遂に腑に落ちました。それは実は昨日の事なんです。そしてこれまでどうしても腑に落ちないで居た理由もはっきりしました。

このようなキリスト教の実態であればしっくりこないのが正常で、しっくりくる方がおかしいのだと思いました。そして、自分がこれまで長い間しっくりこないで疑問を抱いていた姿勢にも納得し、やっとその意味が分かり、「なるほどそういう事だったのか」と安心したわけなのです。

そしてこの時、私の中でイエスが指し示す方向と私が体得した世界観、それは即ち『般若心経の普遍的な世界観』が見事に繋がったのです。

般若心経は最も本質から降りるように説いた真理であり、イエスは最も底辺から登るように説いた道であり、それが私の中で繋がったという事です。人類の恒久平和のためにはこの両者の合体こそ必要なのだと思いました。

さて、般若心経的に言えば、空に帰還し覚醒したイエスの本音から言えば、人間は誰しも既に原罪は無く例外なく救われるのです。つまり、人間は皆必ず空への帰還を果たすのです。「帰還」とは還るという事ですから、これからどこかに行く事ではなく、以前居たところに戻ると言う意味なのです。

頂いた霊験に依れば、イエス在世当時の民衆は旧約聖書のしがらみの中にあり、イエスは物心両面の厳しい制約の中で説かざるを得なかったのでした。その時の民衆のレベルとイエスの厳しい環境を、一瞬ですが私はしっかりと実体感を持たせてもらいました。

そしてこれこそ重要ポイントであり、この環境の中では決してイエスの本音をそのまま説けるような状況ではなかったという事を私は直感し、とても強く納得しました。

イエスの本音としては当然【空への帰還】まで説きたかったのですが、当時の民衆の理解のレベルが低かったために、未だその時機ではないと判断したのでした。そして二千年経った今、今度こそイエスは原罪消滅宣言によって民衆を【空への帰還】まで導き、空への世界へ繋げようとしているのです。

原罪消滅宣言の主旨を明確にする

イエスからのメッセージは「ご自分が説いた原罪はもう何処にも存在しない。全部私が引き受けたのだ」という事を明らかにした、原罪消滅宣言が主たるものです。

もし、原罪の消滅が不明確で、イエスの死後原罪がまだ残っているのでは、大犠牲そのものが無駄になってしまった事になります。そして、真実イエスの死後は原罪が残っていないからこそ、大犠牲に重大な意味があるのであり、もの凄いインパクトに成るのです。これならば誰にでも大犠牲の意味がよく理解できる筈です。

だからこそ、後代にこのイエスの大犠牲の意味を拡大解釈して歪めたり、薄めたりしてはいけないのです。つまり、ローマ帝国編纂の新約聖書は根底が大きく間違っていて、イエスの主旨に大きく反している事に成るのです。

イエスからすれば、「最も重大な真実を絶対に歪めてはいけない」という事なのです。

「人類のための贖い」という拡大解釈はイエスにとっては大きな負担であり、大いなる矛盾であり、やがてその毒は大きな不整合と矛盾を生み出してしまいました。

そして大犠牲の本来の意味を大きく低めてしまう事に成りました。この現状を一時も早く改め、本来の大犠牲の主旨に戻らなければなりません。

それはつまり、この毒の入った独りよがりの解釈は、「イエスは神のひとり子」というもう一つの毒と相まって、やがて大きな力を持って強力な独善を生み出し、他を受け入れず、他を認めず、真理の普遍性を大きく損なってしまうのです。だから、毒なのです。

そしてその事は何にもましてイエスに大きな負担を与え、さらにイエスの大犠牲の本来の意味を極端に歪めてしまう事に成るのです。

毒を知り解毒する

キリスト教に浸透したこの「毒」は「イエスの贖いによってのみ人類が救われる」というような、極端な独善的解釈が正当化されてしまいます。このような説き方をイエスは決して望みません。それは、人類にとってさまざまな矛盾を生み出し、人類の恒久平和にとって大きな障害になります。そして、現状はそのような混乱した状況です。これからもそのような事を主張する人に対しては、イエスは偽キリスト教徒として切り離すでしょう。

教会に行ってみると、ユダヤ人でもない人達が「イエスは私たちの罪を贖ってくれたのだ」と嗚咽して有り難がっている人の姿を見る事が出来ます。残念ながら、そう教育された人達が沢山居る事が分かります。さらには、まだ原罪が厳然と存在していて、これから赦して頂こうとする発言もしばしば聞く事があります。これでは非ユダヤ人に対してまでアダムとイブの罪を拡大して押しつけている事になり、イエスの大犠牲の意味がまったく無くなる事になります。イエスがそれを喜んでいる筈はありません。本当に困った事だと思っていると、私には感じられます。既にキリスト教が生み出した理論は破綻状態にある事が分かります。

アダムとイブの犯した罪を信じていた当時のユダヤ人にとって、イエスの大犠牲は原罪の解消としての十分な意味があるのですが、それをわざわざ非ユダヤ人が原罪を自らの事として生きる事は、わざわざ罪をユダヤ人以外にも作り出す事になります。

このように原罪を認めてしまえば、あたかもそれが実際に存在するような力の作用が生まれます。

そして、その力によって生まれた様々の矛盾は原罪を永遠に継続してしまうのです。

原罪消滅はイエスの核心

今のキリスト教徒は何をどうしたら良いのかについて、キリスト教再生に向かって多少原理的なことから暫くお話しします。そしてそれをイエスの再臨に繋げるために、そして、キリスト教徒がパニックにならないでこれからの方向を見いだすためにも、私が書かざるを得ないと思っています。原罪消滅宣言についてはメッセージを受けていますが、イエスの再臨については一切知らされていない私の立場で書けることには限界があります。

私は最終結論を導くために、他を認めない偏狭な神をでっち上げ、神と悪魔の対立する善悪二元論的な従来のキリスト教を一旦否定し、その後に一元論に繋げることで、全てを解決しようとしています。そしてそこには常に、私が解読した『般若心経の普遍的な世界観』が基本として出てきます。

さて、『般若心経の普遍的な世界観』に立てば、原罪消滅宣言の下でなら実際に存在しない原罪を、仮のものとして修行や指導に利用する事は可能なのです。

実は同じような事が仏教にもあります。それは、「因縁」を実際に存在すると錯覚してしまえば、それは人間を苦しめますが、『空』という『実在』を正しく認識した上でならば、「非実在」としての因縁を仮の存在として修行や指導に利用する事は十分に可能なのです。原罪の問題はあたかも仏教における因縁と同じ位置づけになります。

だからこそ、イエスは一旦原罪を説いておいて、その後にその時機を見てそれを否定するという手法をとったものと理解すべきです。

仏教においても、私の師であった五井昌久氏は一旦因縁を認め、その因縁の「消えてゆく姿」として事象を捉え、自らの肉体を通してベクトル昇華し、さらに肉体の消滅によって人類の因縁を消滅させるという手法をとりました。それは、イエスの磔による原罪消滅と同じ手法になります。即ち、イエスと五井先生は、「人類の宗教史における「罪」の部分を、その肉体をもって昇華させた」という意味を持ちます。

『般若心経の普遍的な世界観』から人間の修行の過程として原罪と因縁を見れば、この場面は善悪二元論から一元論に移行する境界域であり、既にここでは善と悪の対立は仮の姿であり、次の過程ではいよいよ一元論の世界に昇華されるという意味が込められているのです。このプロセスは、人類の精神性の進化において、必要なプロセスなのだと言えます。

少し説明を戻せば、人間の本質は『色』『受想行識』であり、これは『実在』です。そして人間の肉体は「色」であり、その精神性が「非実在」です。ここで、原罪も因縁も、「非実在」の事象であって、肉体の「色」にまつわる精神性「受想行識」の不完全さに起因します。

不完全さ故に、そこに原罪が発生し、同じ事ですが、仏教ではそこに無明が生まれ、無明が因縁を発生させます。そしてその原罪も因縁も「苦」の原因となります。しかしこれは、善悪二元論の解釈です。

ところで、『空』は『実在』であり、永遠性に基づく完全性に裏付けられていますから、一元論の世界に入れば全ては完全性の中での解釈となり、何段階かの修行の過程を通して原罪も因縁も全て肯定されるまでに至るのです。その時、全ての存在は初めから全肯定されていた事が分かります。

つまり、原罪消滅宣言はこの善悪二元論から一元論の世界に統合されるための入り口であり、その入り口を通ってその先の『実在』に到達する過程にあるのです。

ですから、一元論の世界では原罪も因縁も全て「空への帰還」のためのプロセスとして全肯定されています。この書の最初に「原罪という負の荷物は無い」との意味で「原罪は無い」と書きましたが、実はそれは一元論からの解釈なのです。

善悪二元論の中では原罪は「苦の原因」として存在していて、確かに人間を苦しめていることになります。しかし、原罪は人間の本質ではないという意味で、「原罪は無い」と言えるのです。

それをここでイエスの言葉で言い換えれば、イエスが磔によってご自身の肉体の消滅を贖いとして原罪消滅宣言をしたことで、「原罪は既に無い」ということになるのです。イエスは二千年掛けて善悪二元論から一元論の入り口にまで到達したのです。そしてそれを私が、一元論にまで繋いでいることになります。

そして、因縁に関しても全く同じように、五井昌久氏がご自身を犠牲にすることで「因縁のスパイラルで苦しむ人間の姿を、全ては過去の蓄積が現れて、そして『消えてゆく姿』なのだとして、因縁は消滅した」と宣言されました。その後、弟子であるこの私が受け取って、一元論にまで繋いでいることになります。今回のこの位置づけは五井先生に確認済みです。

今地球は、善悪二元論から一元論へと転換していく意識の転換点にあると言えるのです。

ここで重要な事として、一元論に移行する過程では何段階かの修行を成就する事が求められますが、それはそう容易い事ではありません。ですが、ここで先ずは善悪二元論の対立構造から離れ、次に一元論の世界が展開するという結論を知っておく事だけでも、今はまだ善悪二元論の中にいたとしても、未来に対して大きな安心が得られるのです。それは間違いなく、「救われ」の第一段階なのです。この安心は善悪二元論の中では決して得られない境地なのです。

この、一元論へ通じる入り口の中に入っても、つまり原罪が消滅しても、因縁が消滅しても、目の前にはやはり同じような出来事が発生します。しかし、今度はそれは悪でも罪でも罰でもなく、「空への帰還」のための手段と道具となり、全肯定されてくるのです。その全肯定の過程は、これは生涯を掛けて成すほどの大きな修行の課題なのですが、先ずその道が示されたという事が人類にとっては大きな福音と成るのです。

ここに『般若心経の普遍的な世界観』を導入すれば、『実在』の世界に導かれ、善悪二元論から一元論に入って、原罪も因縁も昇華されて最終的に全肯定される事になります。

ところで、一元論に移行するに当たって、これまでの善悪二元論が間違っていると言っているのではありません。現実を生きるには善悪二元論が必要ですが、宇宙の本質は一元論なので、人間は善悪二元論から一元論に進化移行しなければならないという意味なのです。

ここまで善悪二元論と一元論を説明できたところで、私の書いた原罪の意味を多少調整しておきます。

原罪は『実在』ではありませんから、善悪二元論では仮に存在しているように見えているのですが、「原罪によって子々孫々まで救われない」とのあまりにも悪質な呪縛の言葉は旧約聖書が間違っている、或いはそれを記録した人が間違っている、ということになるのです。（この件に関してはもう一度後編で詳しく触れさらに調整します。）

さて、この原罪消滅宣言が成されていなかった時点では、ユダヤ人がイエスの教えを受け入れる事が出来なかったとしても、この原罪消滅宣言が成されてその真実が明らかになれば、ユダヤ人がこれを受け入れる事に何の障害もない筈です。今こそ、待ちに待ったその時なのではないでしょうか。

アダムとイブに由来する原罪はユダヤ人にとって重大問題なのであって、非ユダヤ人には全く関係のない話なのです。

未だにキリスト教の説教の中では常に拡大解釈が成されていて、既に消滅した筈の原罪をわざわざ非ユダヤ人の中に生き返らせて、「子々孫々まで救われない」かもしれないことを心配している人が沢山見受けられます。

Ⅲ章

キリスト教再生とイエスの再臨

宇宙の多次元多層構造とフラクタル共鳴

※　以下の段落は、次元の違う世界の事象について記述したものであり、多少表現が難しくなるので、無理に読者の理解を求めません。詳細を知りたいときに読んでください。

私がこの書で語るところの、「フラクタル共鳴」について、多少紙面を取って、詳しく説明しておきましょう。

私はこの書の中で、全編を通してフラクタル共鳴という手段で、イエスからのメッセージを今後も継続して取得しています。

そこでそのフラクタル共鳴について、私とイエスとの関係を例として説明しておきます。

ここで「イエスとフラクタル共鳴関係にある」とは、生命エネルギーが一元論的宇宙の中でイエスと共鳴している状況を言い、フラクタル共鳴とは私の他の著書の中での造語です。

ここでは基本だけを説明しておきます。人間とは物質ではなく、物質を含めた多次元多層構造の共鳴体であり、宇宙の多層構造の中を選択的に共鳴しながら自由に生命活動を継続している存在なのです。人間は多次元多層構造の意識の世界に住んでいて、思考で行動し、物質は環境の小道具に過ぎないのです。

ここで自覚できる意識は顕在意識ですが、背後には自覚できない潜在意識、超越意識が存在し、それが統一的に共鳴状態にあるのが、フラクタル共鳴体としての、人間の本来の姿です。しかし、超越意識は余りに自由なので、しばしば次元を下げて物質世界に留まって、敢えて制限を付けた世界の中で進化を続けるのです。制限を付けた世界にあって、如何に高次元のフラクタル共鳴を表現できるかを体験します。それが生命活動です。（拙著『人間やりなおし』（献文舎）参照のこと。）

選択的に部分を強調したフラクタル共鳴を個性と言います。そして人間は、いつでも部分の共鳴を拡張して、全体共鳴に移行することが出来るのです。全体宇宙の共鳴から個別宇宙の共鳴に行ったり来たりすることができます。（色即是空・空即是色です。）

全体と個別との間には明確な区別はなく、濃淡によって分かれていて、必要があれば自らの意志で宇宙に共鳴して一つにも成るし、部分強調の共鳴にも成れます。多次元多層構造の共鳴体とはそういう状態を言います。

さらに、複数の個性の間であっても、それぞれがフラクタル共鳴状態にあり、敢えて多少の濃淡に分かれて、互いに関係を持ってフラクタル共鳴の状態にあることを「互いにフラクタル共鳴にある」と呼称することがあります。

ここで異常な状態にも触れておきたいと思います。しかし実はそれが一般的な状態というのですが、「個性が宇宙全体のフラクタル共鳴に戻れなくなった状態」が有ります。個性を決めている濃淡の境界に深い溝が入って、個性だけが分離して他から浮いてしまって宇宙全体と分離してしまっている状態を、フラクタル共鳴にない状態と言います。しかし、それであっても全く完全にフラクタル共鳴がなくなってしまうことは有り得ません。

その時は、フラクタル共鳴にある他の個性に近づくことで、そのフラクタル共鳴に引き込まれる形で自らのフラクタル共鳴を取り戻すことが出来ます。

また、二つの個性がフラクタル共鳴と成るためには、最低でも一方が覚醒していて一元論の世界に到達していることが条件となります。互いに覚醒していない場合はフラクタル共鳴の条件を満たさず、これをベクトル共鳴と呼称します。これは玉石混淆となります。この定義からベクトル共鳴とは個性のもつ本来のフラクタル共鳴が萎縮して、部分の共鳴に閉じこもってしまう特殊な場合である、と言うことになります。

注意事項として、フラクタル共鳴しない複数のベクトル共鳴も互いに共鳴することで勢力を大きくしますが、それはフラクタル共鳴とは全く異なる危険な状態です。一元論に到達しない宗教の殆どはこの状態になっています。それであっても、将来一元論に到達する可能性を持っているベクトル共鳴は「善」の勢力と言って良いでしょうが、善悪二元論に固執して一元論に対抗するようなことがあれば、それは「悪」の勢力となります。

さて、これだけの基礎知識の下に説明を続けます。

私としては、決して神がかり的にではなく、私の立場を確保したままイエスと一体化して、私がイエスの立場とフラクタル共鳴関係になります。しかし、それは決して私の考えそのものではなく、イエスとのフラクタル共鳴の中で私の捉えた思考がイエスの考えとして、私の言葉を通して読者に伝えるメッセージです。

しかし、説明のための場面設定は私が創りますから、そこに私の考えが全く入らないようにすることは極めて難しいと言えるでしょう。

私は私の考えを伝えようとしているのではなく、イエスの考えを伝えようとしているのですから、イエスから見て「それは違う」と思えば「ダメだし」が出来る関係にあります。私としてはイエスからの「ダメ出し」も重要な情報であり、その関係の中でイエスの考えを探っていくのです。「ダメだし」が止まるまで作業を繰り返します。

或いは、イエスから見て「多少ずれるがそのくらいなら許容の範囲だ」と思われてしまえばそれで固定されてしまいます。

私はイエスからダメ出しが出ない範囲を探りながら、つまりイエスの世界に入ってその中をスキャンしながらイエスの考えを構成し、私の言葉で「イエスからのメッセージ」を構成していくのです。

これはイエスとのフラクタル共鳴を求める作業ですから、それは当然私の考えとは異なることだって有り得ます。その時私は、私の考えでない事を意識してイエスの考えを伝えることになります。それでもフラクタル共鳴は完全に保たれます。

ですから、私が「宇宙をスキャン」した結果、原理的にはそれが私の考えとは異なることであっても、フラクタル共鳴の中で捉えた思考がイエスの考えとして出てくるのです。私は可能な限り宇宙の隅々まで意識を広げて、そこをスキャンします。

この場合の制約とは、私がスキャンする世界にイエスがそこに居られないとすれば、或いは、もし私とのフラクタル共鳴関係をイエスが積極的に望まなければ、得られる情報は限定されたモノとなります。

しかし、私は修行によって一元論の世界を体得していますから、この中に入らないモノは原則有りません。


このフラクタル共鳴関係によってイエスと一体化して、イエスの考えを自分の考えと一致させて表現することを一般化して「一極性フラクタル共鳴」と呼称します。

一極性以外に多極性フラクタル共鳴が存在します。それは後に使うことになるので、以下に説明しておきます。

フラクタル共鳴は意識の多層構造の中で生じますから、その多層構造の何処に共鳴するかで共鳴内容は変わってきます。私は常に『実在』という最も上層に共鳴するようにしてイエスの考えを探ります。当然イエスの本質もそこに有るからです。

ここで相手がイエスでは差し障りがあるので、一般の例として説明しておきたいことがあります。

それは、フラクタル共鳴を成す相手の人をその肉体側から、つまり多層構造の下層から共鳴することと、『実在』をしっかり捉えて最上層から共鳴することは全く異なります。

もちろん最上層から共鳴することこそ、その人の本質に迫ることになります。恐らくそれは、相手の肉体側の発する言葉とはかなり違う物に成ると思います。

そしてそれは、私が知った相手と相手が自分で思っている自分自身とはかなり違うことがあります。しかしその場合、私の方が相手自身よりもその人の本質を理解していることになるのです。

相手とのフラクタル共鳴においては、肉体側から共鳴しようとすれば、私の記憶と知識の及ばないところに抜けや現象面での事実誤認が発生することもあります。しかしそれであっても、相手の考えや思想を知る上で一切何も本質を欠くことはないのです。

相手の本質を知るのに相手の夕べの食事内容を知る必要は無いということです。

ところで、私は宗教書のようにイエスを神秘的に、神聖に、美しく描くことを目的とはしていないことに注意してください。イエスもその事に同意しているという意味になります。

この書での私とイエスとのフラクタル共鳴に於いては、互いにそれぞれの個性を保ちながら、互いに相手の主旨を理解しようとしています。互いに共鳴しようとすることでより深いフラクタル共鳴を生み出すことが可能となります。

この互いに共鳴しようとする意識が重要であり、この意識がないと中層や下層の共鳴にとどまります。この「互いに共鳴しようとする意識」があれば、より完全なフラクタル共鳴を生成することが出来るのです。そのフラクタル共鳴が一極性であっても、後に説明する二極性であっても同じです。

そして何よりも「イエスと私の双方に互いに共鳴しようとする意識」が有った上で、私がキリスト教徒ではないのでキリスト教に対して先入観がないし、バイアスが無いことから、事の本質的なベクトルを受け取ることを可能にしていると考えています。

そしてさらに、私はイエスと一極性フラクタル共鳴に成った後から二極性のフラクタル共鳴に分離するという「奥の手」を持っていることは重要でしょう。

そこでですが、私はもう既にこの手法でキリスト教再生について語っています。そして後に来るであろうイエスの再臨に関しても、私の発言とイエスの発言を敢えて分離して説明するという奥の手を使うことにしています。これは私とイエスの、この書を著すための約束事です。

このことは、イエスと私は互いにフラクタル共鳴として一極性共鳴をしつつも、次の段階で上層の共鳴を保ったまま、敢えて中層と下層の共鳴を分離し、多少の距離を置きつつ、イエスの中層と下層の意見を隠して、私の意見だけを取り上げようとすることです。

これを二極性フラクタル共鳴と呼称します。これが「奥の手」です。

この「奥の手」について分かりやすい例を説明しておきます。例えば、父親と母親が最も上層では完全にフラクタル共鳴状態にしておいて、敢えて下層では互いの立場を変えて、それぞれの共鳴状態を保ちつつ、子供に接する時のようなものです。この時、母親が表に出て、父親の考えを隠して母親の考えのみを子供に伝えようとすることに相当します。

このようにフラクタル共鳴は自由自在であり、二極性の延長上には当然多極性フラクタル共鳴もあります。

人間の本質は本来、皆多極性フラクタル共鳴の状態であり、それを確認出来た状態を覚醒ということが出来ます。一元論の世界に到達していれば、宇宙の中の隅々までフラクタル共鳴によってスキャンすることが出来るのです。さらに、このモデルで説明すれば、テレパシーとは意識構造の下層から中層にかけてのフラクタルとは限らない部分的なベクトル共鳴によるものと言えそうです。

これらの件は私の他の著書に譲り、この書ではこれ以上追究しません。

さて話は元に戻ります。この章で私は二極性フラクタル共鳴を保ちつつ、あくまでキリスト教再生を通して、イエスの再臨のための環境整備をしているのてす。

イエスは再臨を約束されたと言われていますから、ユダヤ人に対する重要な判断はイエスの再臨に委ねられていると言えるでしょう。本当に再臨があればの話ですが。敢えてその判断に私は係わりません。

私はキリスト教再生にのみ係わり、ユダヤ人に対して何をどうするのかについては、有るかも知れないイエスの再臨に委ね、深く係わらない事にします。これが私のこの書の執筆におけるスタンスと決めています。(しかし、このスタンスは最終的に崩れてしまいます。)

私は非ユダヤ人に拡散したキリスト教をどのように扱い、どのように再生するのかについて限定して述べています。

つまり、非ユダヤ人と非ユダヤ人のキリスト教徒のために、イエスの再臨の前にキリスト教再生が成されるのが適切かと思います。その再臨の期待を持って私はキリスト教再生を語ります。

私は、今後明らかになっていくイエスの主旨に適合していない「契約外」の偽キリスト教の歴史を知ることによって、キリスト教徒が何とか現状を正しく把握できるように、そして再生の道筋を私なりに探って順序を立てて説明していきます。

イエスの再臨を求める人達は、最終結果はイエスに委ねつつも、キリスト教再生のための体制を整え、自らやれるだけの事はやらなければならないと思います。

そして、再臨の絶対条件となるものは原罪消滅宣言を受け入れることであり、その前提の上にキリスト教を再構築し、それをキリスト教徒が自ら行う事以外に再臨は有り得ません。

そのためには先ず、ローマ帝国の呪縛から離れ、原点に返り、初期の資料を突き合わせてイエスの直接の言葉のみをよく吟味し、それを原罪消滅宣言の下に位置づけ、従来の聖書を構成していた弟子達の書簡や手紙は完全に無視する事です。

どのようにして再臨に至るのかについてですが、この詳細に関してはイエスはその本心を私にも示してくれていません。誰かが「私が再臨のイエスだ」と言ったところで誰も信じないでしょう。奇跡を起こしても無理でしょう。物証ではなく、イエスでなければ言えないこと。教えの総仕上げ。最終結論。そう浮かんできます。

再臨の有る無しを含めて、私も知らない方が良いと思っています。それは試験問題を先に知るようなもので、私としてもそれを知ってしまえば答えを隠してものを言うのは苦痛ですし、知ってしまえばキリスト教徒としてもその答えだけ合わせようとしてしまうでしょう。

現段階では、私も知らない方が自分で考えて自分の言葉として話せるので、その方が良いと思っています。

再臨の準備

私はキリスト教徒ではないのですが、人類史を自らの歴史とし、人類愛の立場に立ち、この中東の歴史の混乱を何とか終結しなければならない、と思っています。

そしてさらに、イエスに対しての私の願いは、歴史的に契約外のことが非ユダヤ人に起こってしまい、その結果、イエスに帰依する多くの非ユダヤ人の信仰に何とか応えて戴き、新しい道を作って戴きたいという、私の強い願いがあります。

その願いに応えて戴く事を目的に、私は今書いています。しかし、それでもイエスの最終判断がどうなるかは分からないのだと肝に銘じるべきです。

先ず、原罪消滅宣言に立ち返るという条件を完全に満たさなければなりません。

しかしながら、これは原罪消滅宣言の意味を正しく知れば、非ユダヤ人にとって困難な事ではないと思います。しかしもし、非ユダヤ人が原罪消滅宣言を無視して現状のキリスト教をそのまま認めてもらおうとすると、その先はなくなり、その期待値が高ければ高いほど裏切られた気持ちに成るのではないかと思います。

非ユダヤ人がイエスの再臨を求めるからには「歴史的にキリスト教徒はイエスの主旨に沿っていなかった事」「自分たちにも大問題があった事」「イエスは『ユダヤ人の救世主』であり、自分たちは契約外に居る」ことを前提としなければなりません。

ローマ帝国由来のキリスト教を一旦リセットし、原罪消滅宣言に始まる理論の再構築が前提となります。その前提が成立しなければ、イエスも再臨する時機では無いと判断せざるを得ないのです。

つまり、キリスト教徒がイエスの再臨を求めるならば、原罪消滅宣言を受け入れて、原罪が消滅したとの認識を示し、善悪二元論を超えて一元論に統合されることを望まなければ、イエスといえど契約外にある「非ユダヤ人」に対しては、原則的立場から、非ユダヤ人の気持ちに応える事は出来ないと思います。原理的に、一元論に至らなければ、統合はあり得ないからです。

況してや、今のキリスト教をそのまま、その権威だけを確立するために再臨を求めるならば、それは本末転倒であり、最も遠い位置にあると言えます。

キリスト教徒にとってこれはなかなかハードルは高いと思います。しかし、私としても、何とかキリスト教には再生してもらい、イエスの主旨の下に入って欲しいと心から思っていますから、その事の可能性をさらに追究したいと思います。

「新約聖書」を破棄し、【真約聖書】を編纂する

そこで、非ユダヤ人として再臨を準備する事は、ローマ帝国によって創り上げられた新約聖書を元とするキリスト教はイエスの示した真実ではないとの前提にたち、原罪消滅宣言を基本とした【真約聖書】を編纂しなければなりません。

最初に【真約聖書】の編纂をヤハウエ、ガブリエル、モーゼ、イエスの下で宣言しなければなりません。この件については後編をよく読んでからにして下さい。

先ずはイエスがユダヤの救世主として生まれた事を確認し、原罪消滅宣言を前面に出し、原罪を他の罪から明確に区別しなければなりません。次に、ここで示した二つの毒を抜き、「人間は皆神の子」であると確認し、イエスの書いたものではない書簡や手紙を全て破棄し、旧約聖書に対してはこれから後編に示すような新たな解釈を追加し、後はイエスの教えだけを中心に取り上げなければなりません。

そして重要な事は、非ユダヤ化された新約聖書の編纂においては原罪消滅前言を全く無視したのですから、新約聖書の中には原罪消滅宣言に矛盾しそうな加工された箇所も幾つかあるかと思います。ですから、原罪消滅宣言によって全ての原罪が消滅した事が理解できるようにイエスの言葉を再構成

し、原罪消滅宣言の主旨を補強しなければならないのです。

それから、世界にはわずかに原始キリスト教が残存していて、現地のユダヤ人が儀式を踏襲していますが、バチカンにる異端信仰の弾圧となる過去のキリスト教の焚書政策はかなり徹底していたので、現存する原始キリスト教であってもローマの汚染を受けているのです。

現存の原始キリスト教にも当然のことですが原罪消滅宣言は説かれていません。ですから、原罪消滅宣言は原始キリスト教まで遡ってその根底から説き直す必要があるのだと思います。

そして現実問題では善悪二元論を説きつつも、最後には原罪消滅宣言によって善悪二元論を超えて、私の示した世界観を導入するという手法に至るのです。

それはつまり、般若心経の一元論の世界に到達して、普遍性を回復し、普遍的な世界観を確立し、その中に自らの位置を確立する方法論を示し、その道の先に「全ての人々が救われる世界がある」と高らかに歌い上げるように【真約聖書】を編纂しなければなりません。

さて、ここで一つ補足ですが。各文化は独自の善悪二元論を持っていますが、それは歴史的経緯によって各文化でその価値構造は多少異なります。

しかし、一元論は歴史的経緯が異なっても、究極的には一致します。その事は真に覚醒すれば誰でも同じ一元論の世界観に到達できる事を示しています。

修行により私が覚醒して到達した世界観は正にその究極の一元論の世界観です。当然この書はこの世界観に基づいています。

しかし、それは私が解読した『般若心経の普遍的な世界観』に一致しているので、ここでは「私の到達した世界観」を当然のこととして、それは普遍的な世界観であることを示したい気持ちもあって、それを『般若心経の普遍的な世界観』として前面に出しているのです。同じ事です。


さてそこで、【真約聖書】が編纂されて原罪消滅宣言がはっきり示され、普遍性が回復した後であれば、非ユダヤ人のためのキリスト教が赦されることを私は期待しています。それは契約外のところにあり、契約には矛盾せず成立します。これは私からイエスへの依頼であり、私の希望です。

ここで少し深く考えてみれば、原罪消滅宣言を受け入れる事そのものは、歪んだ現状のキリスト教の主旨からしても決して無理のある事ではないと言えます。

それほどのギャップは無いと思います。それは原罪の定義を多少制限し、一般の罪から切り離すことで済むことです。そしてイエスの磔という大犠牲の意味を原罪に限定し、既に消滅したとすれば良い事だけなのですから。

困難なのはそこから一元論に到達することですが、先ずはその存在だけを確信することで再生の条件は満たされると私は思っています。

一般的な罪から原罪を切り離し、原罪消滅宣言を受け入れた上で、イエスを神そのものではなく神への中継者として、イエスに対して帰依し、祈り、赦しを請う事ならば、再臨のイエスは非ユダヤ人への対応を示して戴けるのではないかという、私は希望的な考えを持っています。

一般的に、キリスト教に限らず帰依の対象に対して自らの過ちを認め、つまり自ら犯した罪を認め、その事の赦しを請い、帰依の対象に赦して戴くという手法は殆ど全ての宗教で用いられている手法である事から、十分に可能性のある事だと私は考えています。

勿論、又しても「帰依の対象はイエスでなければならない」などと言い出せば、それは真っ向から普遍性を否定する事になり、直ちに真理に対する違反行為になってしまうので絶対に許されません。

その間違いを犯さないために原理として知っておくべきは、帰依の対象がなくても、自分の意識の中にまだ見ぬ『実在』を確信して、そこに帰依することで、人は覚醒できるのです。その意味でも、イエスへの帰依は絶対条件ではないのです。

深刻なキリスト教の実態

イエスから受けた幾つかのメッセージから言える事は、厳しい「キリスト教再生」に関しての状況であり、事態はかなり深刻であるという事でした。今まさにこれは生きるか死ぬかの危機的場面に有るという事です。

もし「キリスト教再生」を急がずに、このまま事態を放置し、反省も無く押し進めていくとするなら、その延長上にいったい何が発生するのか、その危険さは計りきれません。自ら積み上げた罪の重さとその独善的な教義によって根底から崩壊するでしょう。

私はキリスト教徒ではありませんし、私の意識は常に『実在』の世界に居ますから、私の中では既に解決している事なのです。私は『般若心経の普遍的な世界観』の中に居て一元論的に把握しているので、既に解決している問題なのですが、キリスト教徒にとっては厳しい場面なのです。

人間は「思い」で生命活動を行いますから、思いは運命として実現されるのです。即ち歪んだキリスト教の論理から、「思い通りに成る宇宙の法則」によって、ここには新たな「犠牲」

が発生するかも知れません。一元論から解釈すれば、「犠牲」とは、これは罰としてではなく、この体験を無駄にしないためのフィードバック（抑制）作用を意味します。そしてこれが善悪二元論の限界なのだと思います。善悪二元論の矛盾が積もりに積もって限界点に達して、次への移行の直前であると言えるでしょう。フィードバックとは宇宙がシステムである以上、原理的に必要なモノであり、私はそれを『自明行』として導入しています。フィードバックに関する議論は『未完成だった般若心経』（献文舎）を参照してください。

仏教的に言えば、因縁による負のスパイラルの極限におけるベクトル崩壊と言えるのです。そこが危険なところです。善悪二元論の法則からみればそうなりますが、私は何とかしてイエスにお願いして、キリスト教徒を『般若心経の普遍的な世界観』に導き、一元論にまで引き上げて、崩壊するのを未然に防止しようとしているのです。

ですから、少なくともここまで累積した間違った論理構成の訂正を早急にすべきなのだろうと思います。

どこからどう考えても、原罪消滅宣言に立ち返ってそこから論理構成をやり直す以外にキリスト教再生の道は無いとするのが正常な判断です。他に手段があるならそれでも良いのですが、それは無いのです。

キリスト教再生とは、最初に人間側のしなければならない準備の段階であり、その準備が整ったならば、はじめて再臨の条件が整うと私の心には映ってきます。

今から再生のために動き出せば、やがて多くのキリスト教徒もここに示した原罪消滅宣言のイエスの主旨を正しく知る事になり、「イエスを取るか歪んだ従来のキリスト教を取るか」の選択に迫られる事になります。そして勿論、その選択の結果は明らかでしょう。

イエスの真実が明らかになれば、これからは原罪に脅迫観念を持つ事無く、人間は必ず救われるとの確信が生まれます。そして、その時イエスの残した数多くの言葉を一元論の世界に統合することで人類普遍の教えとなり、無理なく誰もが理解できるようになります。そして誰もがイエスを心から敬愛し、尊敬するようになります。

さて、こういう問題は、やっぱり色即是空・空即是色を説き、『実在』と「非実在」を説く私のところまで来ないと解決できないのですね。

当然な事なのですが、原罪消滅宣言そのものは大犠牲の後の事であり、生前のイエスの言葉には無いのです。ですから磔になった後の、今日のイエスの言葉こそ、大犠牲を理解するために特に重要な点なのです。

原罪消滅宣言は人類の未来を創る原理

ここまで私がいろいろ書いてきたようにみえて、実はたった一つの事だけを言っているのです。それはつまり「原罪消滅宣言」だけが、私が導入した唯一の新しい概念なのです。その唯一の概念を展開する事で、ここに真のイエスの姿が現れてきたのです。

そして実は、原罪消滅宣言により「人間は本来無罪であり、同時に人間は皆神の子」である事を前面に出す事で、一気に般若心経の世界に入っていきます。

そして、どう考えても当時の場面で磔になる事以外に原罪消滅を示す事は不可能だったのだ、との思いに至りました。

それであるなら確かに、ユダヤ人のこの特殊な状況下でなら「磔になる意味は十分にあるなぁ」と私は思いました。

磔によって原罪を消滅させるこの行為は、全くもって普遍性を失う事なく、まさにユダヤの救世主としての行為と言って良いでしょう。

イエスの原罪消滅宣言によって我々は「精神の開放と統合の論理」に到達する端緒に立ったことになります。

原罪消滅宣言に始まる新たなプロセスを歩むことによって、人類は今、ローマ帝国由来のキリスト教が創り出した歴史のしがらみを捨てて、生まれ変わる事が出来ると私は期待しています。

従来のキリスト教のままではこの先の人類の歴史の流れは全く先が見えず、霧の中であります。キリスト教とそれに対立する勢力などの実態を見れば、ヨハネ黙示録の預言を引用しなくてもそう予想できます。

イエスは原罪消滅宣言を私に示しましたが、その事は人類の未来をも明るいものに大きく変えていく事になるのです。原罪消滅宣言から一元論の『般若心経の普遍的な世界観』に入って行く道筋を描く事が出来るのです。ここからキリスト教は生まれ変われるのです。そして、原罪消滅宣言以外に生まれ変わる方法はないのです。それは、ここまで書いた事から既に明らかでしょう。

原罪消滅宣言は人類の未来を素晴らしいものに書き換えるほどの巨大な可能性を持った啓示であったのです。

既にローマ帝国は現存していませんし、今更「統治の論理」にこだわる必要性はない筈ですので、極端な「統治の論理」を捨てて精神の解放とその宇宙への統合に徹する条件は整っていると思います。

ならばキリスト教徒は今、何をどうしたら良いのか

※ ここはキリスト教徒ではない人は特に読む必要はありません。

キリスト教徒としては、私がここまで示してきた原罪消滅宣言を基本とする価値体系を一部であっても受け入れるならば、これまでの信仰を根底から揺さぶられることになるはずです。私はイエスとこっそり相談して、キリスト教徒が不安にならずに這い上がることが出来るように明確な道筋を示しています。そのつもりで読んで頂ければ、その道を見つけられるように説いています。

あなた方が信じてきたキリスト教各派の中枢が感染源であったことは驚きであるはずです。あなたが病気の感染を宣告されたようなモノである筈です。

その不安を解消するには治療法を知り、薬の処方箋を知る必要があると思います。それは既に用意して書いています。

私としては、それから私の役割としては、ローマ帝国由来のキリスト教各派に直接もの申す事はしません。それは私の役割ではありません。

私はこの書ではイエスのメッセージを読み解き、そこからイエスを本来の働きに戻すことを主題と

し、次にそのことで二次的に生じてくるキリスト教再生を目的としています。

この書を読めばキリスト教徒としては今、自分は何をどうしたらよいのか、とても悩むでしょう。責任は全て過去にあるのですが、それだけではキリスト教徒は救われません。

ローマ帝国由来のキリスト教の根本的解決には時間が掛かります。永遠に解決しないかも知れません。そのような環境の中で、犠牲となったキリスト教徒は何をどうすれば良いのでしょうか。

歴史的にローマ帝国の支配する環境がどうあれ、その逆境を逆手にとってその中で自らの覚醒を求め、それを成就した人はいるのです。環境の問題は致命的では無く、せいぜいその程度のことだと考えて下さい。

もちろん私は『未完成だった般若心経』（献文舎）として、宗教を超えた正しい世界観を示しているのですから、それが有れば何も怖いことは無いのですが、キリスト教徒が一気にそこまで到達することはなかなか困難と思えます。

そこで、私もキリスト教徒の立場になって考えてこの書を書いています。

ここで私が一番重要視しなければならないことは「善良なるキリスト教徒のイエス様に対する真摯

な気持ち」であり、それを無視することは出来ないと言うことです。

先に書いたようにイエスの姿勢として考えられるのは〔1〕〔2〕〔3〕の3種類が有ることを示しました。

間違いに気付いたキリスト教徒が先ず最初にすることは、キリスト教組織から距離を置くことです。

イエス様は「ユダヤ人の救世主」という本来の働きを正面に掲げています。その看板を降ろすことは不可能です。ローマ帝国はその看板を書き換えたのですから、それを元に戻すことです。少なくともキリスト教徒が率先してそれを行うことです。それが見えざる敵に圧力を掛けることにもなるでしょう。


イエス様は本来「ユダヤ人の救世主」なのですから、それをキリスト教徒の皆さんが納得して、自分たちの救われはその次に置き、その位置に自分たちを位置づけることだろうと思います。

それは『汝の信仰汝を救えり』として、イエス様は過去の発言からそこまでは許してくださっているのですから、そこにお縋りするのが良いと思います。

そこでなら、イエス様に帰依してでも受け入れてもらえるのではないかと思います。そこでは謙虚な姿勢を学ぶことが出来ると思います。

今までいかに傲慢な気持ちでいたことか、とても救われるはずのない、あやまてる姿勢で生きてきたことが分かるでしょう。それを知ることは救われの為の大きな財産です。

まず、この姿勢を確実なモノにしましょう。そうすれば必ず道は開かれます。

Ⅳ章

宗教としてのキリスト教

宇宙的立場からの「統治の論理」と「救われの論理」

ここで「統治の論理」と「救われの論理」に関して、宇宙的立場、即ち最も普遍的な立場からの幾つかの見解を示しつつ、宗教そのものを多方面から議論を深め、理解を深めていただこうと思います。最終的にはこの「統治の論理」と「救われの論理」の理解によってキリスト教再生の糸口を発見しようと思っています。

全体の立場からの秩序構築を「統治の論理」と呼称し、それに対して個の立場からの精神の解放による宇宙的統合を「救われの論理」と呼称します。

「統治の論理」によって集団の秩序がうまく保たれたとしても、それでもって個の救われが成就したことにはなりません。

「救われの論理」は個の精神が様々な制約の中に有っても、普遍的な価値観に通じることによって精神を解放して、宇宙に統合され、『実在』に通じることを言います。

そして、人類の精神の解放と統合は未だ成されていないという現実を認めることから新たな活動が始まります。言い換えれば、人類は未だ救われを成就していないことが前提となります。人間は物理的には確かに「個」で生きていますが、意識の世界では「全体」に結合していて常に「個と全体のバランス」の中で生きています。そして、社会にとっても個と全体のバランスを秩序に投影しなければならず、これは人類社会の永遠の課題と言えましょう。

精神の解放と統合は小さな部分では存在しますが、正しい世界観に基づかない限り小さな部分で固まり、複数の塊は互いに決して相容れない、致命的な対立さえ生み出してしまいます。精神の解放と統合は宇宙規模まで拡大しなければ真の「救われ」には至らず、フラクタル共鳴に至らなければ、決して真の意味での国家や民族の統治もあり得ないのです。

現実を生きるためには「統治の論理」は絶対に必要なモノですし、「救われの論理」だけでは現実における社会活動は不可能です。

ですから、先に「統治の論理」が有って、そこに「救われの論理」を浸透させていくことで、個々の人間の精神の解放と統合の進化の度合いによって「統治の論理」を少しずつ個々に適応するように改良していくことが現実的な社会の進化と考えられます。

「統治の論理」に宇宙の秩序をうまく投影できれば、そこに矛盾無く「救われの論理」を構築できることになります。

しかし、宇宙の秩序と現実世界の秩序とは次元が大きく異なるので、低次元に形式的に投影してしまうと、かなり強制的な秩序になって「救われの論理」として窮屈に成ってしまいます。

言い方を変えれば、宇宙の秩序がこの世界にフラクタル共鳴するように投影できれば、それはもう世界の恒久平和は近いと言うことになります。

人々はこのフラクタル共鳴する秩序の中に自らの立場を確立して位置づけることが出来れば、それはそのまま「救われの論理」となるのです。

そこで、宇宙の秩序は常に多層的に、多様的に、多面的に、そして善悪二元論から一元論的に、時間軸状に可変的にフラクタル共鳴するように表現することが必要になります。

それは宇宙の秩序の形式への投影ですが、しかしながら、その形式化が時間的空間的に固定してしまうと、忽ち共鳴は解消され形骸化してしまいます。フラクタル共鳴を継続するには常に進化し続けていなければならないのです。

フラクタル共鳴とは宇宙の多次元多層構造の全ての層で共鳴可能です。私は殆ど最上部の層でのフラクタル共鳴を重要視し、そこでイエスとの交流もしています。

必要に応じて下層まで降ろそうとしますが、下層まで降りるにはこの世の知識や事実検証や全ての言語が必要になり、それを正確にするには他の能力が必要となり、それは私には出来ていません。それであっても本質的な理解には下層は必要なく、何の問題もないのです。

非ユダヤ人のための「救われの論理」と「統治の論理」

ローマ帝国にしてみれば、キリスト教の歴史を「統治の論理」の視点から見てそれなりの効果はあったのかも知れません。しかし、非ユダヤ人に広がったキリスト教の歴史に見る「統治の論理」の基準と普遍的な意味での「救われの論理」の基準との間には巨大な乖離がありました。そのために、普遍の真理を求め「救われの論理」を求めてキリスト教が支配したヨーロッパの歴史を生きてきた人々にとっては、それはそれは矛盾に満ちた苦難の時代であったと言えます。

ですから、今、人類に対して、人類がそれを望みさえすれば普遍の真理に立ちつつ「統治の論理」と「救われの論理」で、乖離が少なくフラクタル共鳴を保つような優れた環境を整える必要があります。そして、そのために私もこのような活動をしているのです。

その求める環境にとって重要な事として、般若心経の普遍の真理の立場に立てば「この宗教でなければ救われない」、などという事はありません。つまり「イエスでなければ救われない」、などという事はありません。

何よりも「救われ」は宗教によるのではなく、教祖に依るのでもなく、本人の修行と体験によって積み上げた「魂の実力」で決まるのであり、そのための環境を整え修行を後押ししてくれるのが宗教や指導者でなければならないのです。

そして宗教は人間の作る組織である限り必ず矛盾を抱えていますが、しかしながら、人間は本来『空』であることから、そこには宇宙が投影されてきます。組織に矛盾があればそこに垢がたまってきます。それであっても、宇宙の生命活動は継続し、そこに係わる人間間に投影され、その秩序は矛盾を積み重ねながら宇宙を投影し続け、やがて耐えられなくなって一気に破綻する時が来ます。

ですから、従来のキリスト教が如何に独善的であっても、そこには宇宙が投影されてきて、生命活動は継続されます。このキリスト教の中に多くの矛盾があっても、それを糧として、そこで救われた人は居ると思います。この逆境的な環境の中で救われた人達は、正に「魂の実力」の持ち主であると言えます。

非ユダヤ人にとってのキリスト教再生とは、イエスの名の下に「救われの論理」を構築することを目的とすることであり、それは即ちイエスを帰依の対象とすることに許可頂けるのか、ということになると思います。

それは原理的に、普遍的な視点からイエスの許可がなくても勝手に帰依することは可能と思いますが、イエスの主旨に沿わないローマ帝国由来のキリスト教を踏襲する形での帰依は、イエスから見て実に迷惑なことなのだと思います。このまま迷惑承知でイエスに帰依することに、どれだけの意味があるのか、という疑問が生まれます。

全てはローマ帝国由来の腐りきったキリスト教をリセットできてからの話となります。リセットさえ出来れば帰依の対象としてのイエスは有り得ることになります。

イエスが今の偽キリスト教を、なし崩し的に認めるようなことは絶対にあり得ないと断言できます。自らの説いた教えを後代の人が時代に合わせ、より普遍的に改良してくれるならば、或いは更に進化させてくれるならば、それは帰依を喜んで受け入れると思いますが、ローマ帝国由来のそれは違います。これはイエスの説いた道の本質を根本から変えてしまうモノなのです。ですから、リセットしかないのです。

原理的なことになりますが、ここで忘れてならないことは「救われの論理」は普遍性を追求する事によって、帰依の行き着く先は究極的に皆一緒の所、即ち『空』という『実在』に到達するという事です。『空』の直前の最終の中継地点に帰依の対象となる教祖様が居られるということです。

ですから、覚醒者を帰依の対象とすることで、その個性による文化や「統治の論理」と「救われの論理」が生まれます。

原理的には誰が何処で修行をしても、行き着く先は必ず『空』という『実在』に一致するという事です。だからこそ、この宇宙は一元論で成り立つと言えるのです。この意味は重大です。よく噛みしめてください。

それほどに、現代に於いては「統治の論理」と「救われの論理」と、その普遍性の追求が最大限重要になります。

そして私は、この書に於いては非ユダヤ人のためのキリスト教再生を説くために、奥の手を使っていることに注意してください。

イエスと私は普遍性においてフラクタル共鳴状態にあり、一体化しているのですが、ここで奥の手とは二極性フラクタル共鳴であることを意味します。

つまりイエスと私は上層ではフラクタル共鳴体と成っているけれども、敢えて下層では立場を分離して、私がイエスとは違う立場を強調しています。そこではイエスはどのように考えているか分からない立場で、私は「私の捉える思考」の立場に立つ姿をして、イエスと二極性フラクタル共鳴の中で意見を述べていることに意味を持たせているのです。

さてこの二極性フラクタル共鳴ですが、私がイエスの言葉を引用するような直接話法であっても、それを聞いた話とする間接話法でも、それが二極性フラクタル共鳴であることに変わりはありません。二極とは言葉の表現の問題ではありません。立場と心の姿勢の問題です。

宗教の実態を知れ

歴史の中で宗教はしばしば「救われの論理」ではなく、「統治の論理」として人々に大きな影響を与えてきました。それ故に、しばしば宗教は民族の「戦いの論理」でさえありました。宗教はいつもその二面性をもっていますから、それを知って付き合えば大きな怪我をしないで済むのです。

キリスト教に限らず、宗教はしばしば「統治の論理」に傾きすぎてしまいます。「統治の論理」は人々を規則で縛り、その中に救われを見いだすように信者に迫ります。信者は常に信仰に熱心で、組織維持、教祖の神聖化、教えの絶対化を受け入れ、その組織の発言を神の言葉として受け入れるように努力します。

その「統治の論理」に傾くところが、宗教の恐ろしいところです。ですから、私は「統治の論理」と「救われの論理」のバランスを常に説くようにしています。

そして「統治の論理」はそれ自体必要なものであり、否定する事は出来ません。ですから、人類は今後、普遍性を失わない「統治の論理」を求めるべきなのです。

「救われの論理」を無視して「統治の論理」だけを求めれば、必ず矛盾を発生します。放置すれば常に自らの立場に絶対性を置いてしまう事から、その狭い論理で全体や他者を裁いてしまいます。そして、自己保存のために他者から優位な位置を得るために、独善の論理に陥る以外に選択肢がなくなるのです。宗教の矛盾はここに有ります。

普遍性を失わない「統治の論理」を構築するには、現実の行動では敢えて自らは、そして相手も相対的な価値観の中に有り、共に善悪二元論の中にある事を認め、一元論の世界に互いに共有できる絶対性を置いている事を互いに確認できる仕組みを工夫する必要があります。

絶対性は『空』由来ですから本来一つであり、文化によりその表現を変えても本質的対立は無いはずなのですが、自分の組織を超えて人類全体に通用する「統治の論理」をルールを含めて具体的に、しかも絶対性を含めて説くことは実際問題として不可能なのです。それ故に「統治の論理」は、そしてその下の「救われの論理」さえも、地域限定、民族限定として説かざるを得ないのです。イエスが敢えて地域限定で説いた理由がここに有ります。

この現実を知れば地域限定、民族限定こそ意味があるのであり、「全体の論理」としての「統治の論理」を説くことは極めて困難なことであり、それをするには慎重の上にも慎重に、決して独善的にならず、徹底して普遍性を追求しなければならないのです。

この真実を無視し、自己都合の論理を世界の「全体の論理」に拡張したことが、ローマ帝国由来のキリスト教の犯した間違いと言えるのです。初めはユダヤ人限定だったものが非ユダヤ人に広がり、やがてローマ帝国の論理となり、さらに人類という「全体の論理」に拡張していくことが、極めて危険なことなのです。

つまり、組織や秩序は複数有っても、それぞれの理念が一元論の世界で共有できる事を互いに確認できる仕組みを作る事が必要です。そして宇宙の理念は一つであっても、その表現形式は決して一つではなく、複数有って良いのです。複数有ってこそ普遍性が保たれることを知らなければなりません。

その一つの例として、日本の国体は国家の理念を天皇という国民の象徴に集約して、時代時代に合わせながら見事な「統治の論理」によって、永続的な秩序を創ってきたという不動の実績があります。今の天皇は民を支配せず、帰一によってのみ統治しています。帰一のための伝統と神話は存在して良いのです。これは究極の理念による統治と言えます。

日本の国体では、敢えて絶対権力を持たず、国民はその理念に帰一することで求心力を生み出します。国民は国家理念を言葉で言えるほど明確には自覚していないのですが、理念とはそういうモノです。

しかも、国家成立の過程で犠牲になった「敵側」をも丁寧に祀り、共に国家の理念に吸収するという見事な裏技まで開発したのです。それは決して被害者意識にはならない、高潔な人間性を持つ国民を生み出したと言えるのです。これは結果的に一元論的な行動と言えます。

もし国民に帰一するべき理念がなければ、反発力を利用して統治に変えようとして敢えて敵を作り、そのために被害者意識をわざわざ育てるという実に愚かな行為を積み重ね、その結果巨大な墓穴を掘ることになります。一方、周りを見渡せば、敢えて敵を作り、自らを仮想敵の被害者に仕立てることで求心力を得ようとする統治が目立ちます。これでは、自ら、被害者に成ることを望むことになり、宇宙の法則によって、望んだ通りになります。これは善悪二元論の対立を深める間違った行動です。

このような真理に反する国が多い中で、日本は確かな国家理念を持ち、理念に帰一することで長期に亘って秩序を保つことができた国なのです。それを帰一とは意識せずにそれをしてきたことが凄いことです。

この日本の歴史的な実績は人類の財産であり、宇宙的に意味のある統治システムのひな形を生み出しました。この体制が近未来における理想に近い「統治の論理」の一つと言えるでしょう。

現実の人間はそれが統治側であれ、被統治側（民衆側）であれ、必ず悪を犯しますから、性善説だけでは統治は成り立ちませんが、日本における統治の特徴は性善説が有っての性悪説であり、性悪説のみと思われる西欧のそれとは、何かが根本的に違うことを知るべきです。

西欧の統治の根底にはキリスト教文明が支配的に存在しており、「統治者が悪いことをしないための統治制度」であり、「国民が統治者から害を受けないための国家」であり、「個」に偏ったシステムとなっています。

一方、日本のそれは「人間は個であると同時に全体の一部」とする、個と全体のバランスを常に考慮した統治を理想として求めてきたという点で、西欧のそれとは大きく異なることを知らなければなりません。決して理想が実現されているとは言えませんが、その目指す先は、『普遍的な世界観』に真っ直ぐ向かっていると言えます。それを理想とする日本がわざわざ西欧のまねをすることはないと思います。

そこで当然の事として、キリスト教徒にとってはイエスの理念を絶対性の象徴とした「統治の論理」を作りたいでしょうが、イエスは本来ユダヤの救世主ですから、元々非ユダヤ人にその資格はありません。それは、いくらお願いしてみても「汝の信仰汝を救えり」まででしょう。原則的にイエスの許可が降りそうにありません。

しかし私には、どこかに出口があるように思われてなりません。それを考えてみましょう。私にはその方向が少し見えてきたように思います。

私が期待を込めて予想するには、真実を知ったキリスト教徒が一元論の世界を求め、実績のある日本に学び、世界に対して独善的にならず、どこまでも可能な限り普遍的に展開できる「統治の論理」を求め続けたならば、その時にイエスが八方塞がりの非ユダヤ人のキリスト教徒にアッと驚く解決策を示してくれると思います。

いかなる秩序も一元論、否、一元論の入り口に達していれば、他の秩序や他の宗教の絶対性と本質的に対立する筈は無いのです。

一元論に達した各秩序は自らの帰一する理念をこそ自慢すべきであり、その反対に求心力を得るために敢えて被害者意識を生み出してはならないのです。敵を作る被害者意識はいっときの負の力による求心力を生み出しても、継続的な対立を生み出してしまいます。これが善悪二元論の最大の欠点です。自分達を守る集団被害者意識などというモノがあってはなりません。

一元論から解釈すれば、互いに深く係わることで、一方は被害者となることで学ぶのであり、他方は加害者になることで学ぶのです。その出来事を自らの運命を作る材料として、肯定的に捉えなければなりません。

もし、自らが被害者意識に成ることを有利と考えて、これに徹すれば、被害者の立場を固執しようとして、「被害者に成りたい」というベクトルを発生し、「思い通りに成る宇宙の法則」は、その人の運命を再び被害者にします。一方、加害者の側は、良い事をしたとは思いませんから、今後も「加害者でありたい」とはなかなか思いません。つまり、加害者がその後、自らの運命を狂わせることは少ないのですが、被害者が運命を狂わせることは多々あるのです。皮肉な逆説がここに有ります。しかし、一元論に還ってよく考えれば、これで良いのです。

その意味で、キリスト教徒がイエスがヘロデによって殺されたという歴史の事実をいつまでも被害者意識で捉えてはならないのです。その出来事は一方で、キリスト教を根底で支えている出来事なのですから、矛盾していると言わざるを得ません。

また同じように、過去にユダヤ人がキリスト教社会で長い間迫害を受けたことを、そして現代でも敏感に反応し、敢えて被害者意識で捉えて有利な立場を得たつもりに成ってしまうと、制御の効かない負の連鎖に入ってしまいます。況してや、それを政治的に利用しては国の運命に悪影響を与えます。歴史は歴史として誇張されない真実を追究することが必要です。

ですから、実際に被害に遭っても、被害者意識に陥っては運命的に大損します。

このように、被害者意識は破壊的なエネルギーを生み出し、自らが押しつぶされる運命を創り出します。客観的に観察すれば、それは歴史が証明しています。そしてそれは、このまま現代にも言えることです。そしてこの損得勘定が正しく出来るようになることが、未来の恒久平和にとって、全人類で共有されるべき重要事項なのです。

宗教が部分の働きであることを忘れると、忽《たちま》ち全体と対立する

殆どの宗教は宇宙の真理を地上に表現しようとします。それによって「統治の論理」を構成しようとします。

そこで、真理という抽象的概念を形式に置き換えようとします。ある程度まではその進化が進みます。しかしあまりに形式化していくと、普遍の真理は中々その中に表現しきれなくなり、窮屈になってしまい、形骸化してしまいます。偶像というのも形式化の一種です。

形式化することで普遍性を失いますが、それによって働きが明確になっていきます。宗教は形式化することでその使命を明確に表現することが出来ます。それはそれで否定されることではありません。そして最終的に、ここには決まり切った限定された一本の道だけが残るのです。それはそれで神の敷いた一筋の道と言えるでしょう。

そのことを言い換えれば、超自然的存在としての「神」は背後から人間を動かして宗教を作るが、しかし神は普遍性が無い世界を嫌いますから、だんだん住みにくくなってそこから出て行ってしまうのです。一つの働きを何処かに、誰かに委ねていなくなります。しかし、必要な時には部分の働きとして出てきますし、人間に呼ばれれば出てくることもあります。

或いは、その形骸化した形式には神ではない、神に至らない勢力が棲みつくことさえあります。それでも人間との関係はそれなりに良好に保たれ続けるのが通常です。

人間はそこに残された抜け殻を更に形式化して磨き上げて、過去に神の住んだ遺跡として未来に残すのです。それは民族の文化となり人類を根底で支えます。

この事の意味は、形式化して行くことは普遍性を失うことであり、形式化するために普遍性を失うことは決して悪いことではなく、その事で自らの役割を一つに限定していく過程であるのです。形式化することで普遍性を失うことは宇宙の中での自らの働きを限定しつつ、明確にすることなのです。

形の中で生きる我々の世界ではこれは必然であり、宇宙の中の一つの立場を確立し、宇宙の中の部分であることを自覚し、その上で宇宙という全体と調和することが生きることでもあるのです。部分であることを正しく自覚していれば、普遍性は保たれるのです。

もしそれを忘れると、部分でありながら全体であると錯覚し、部分でもって全体に置き換わろうとして秩序は乱れます。自らの立場を自覚して、それを確立することこそ、失われた普遍性を補完することを意味し、部分として宇宙と調和することで普遍性は回復し、宇宙と調和して生きていけるのです。

宗教の犯す間違いは、部分でありながら全体と錯覚してしまうことで生じるのです。

どことは敢えて言いませんが、自分達の教えで世界を統一しようとすれば、それは忽ち全体と対立してしまうのです。

民衆は宗教に何を求めるのか

人類はその歴史を通して常にアニミズムが存在し、この世とあの世を繋ぐことでこの世の生活の安定と未来への安心を得たいとの、強い思いがあったのだと思います。それが発展して宗教のような組織が作られていきました。

組織を作る上で、その組織の目的とか理念が重要視されるようになり、単なる個人の救われから全体の救われに移行しました。

そうなると、組織目的が前面に出てきて、組織統治のために宗教の原理を使うことになり、「統治の論理」へと進展していきました。

ここまでは歴史的必然であり、それを良いとか悪いとか、との批判は当たらないと思います。

ところが時代が進むと、民族と民族がそれぞれの固有の宗教でもって、理論武装し、互いに戦い、相手を支配するという構図が生まれてきました。神さえもその中に引き込まれ、「どちらの神が強いか」というような弱肉強食の世界を作るに至りました。ここでは既に、真理というものは影を潜めて、戦いの論理で人類は歴史を積み重ねていきました。

こうなると、真に道を究めるひとは大きな疑問を感じ、このような邪道から離れ、自らの道を探求することになりました。その様な人の中から覚者が生まれ、宇宙の真の姿を人々に示しますが、一般の人々との意識のギャップは大きく、なかなか民衆には受け入れられない状況となりました。

覚者が出現し、霊性の高い宗教が生まれても、民衆と共に生きていかなければなりません。民衆は地域や民族のための神を求め、自分たちに都合の良い救世主を求めます。歴史の中で、覚者はその様な民衆の要求にも、応えるような姿勢を示さなければならないと、判断せざるを得なかったのでしょう。

そこに、救世主待望論が生まれ出て、「救世主が生まれてくれれば、我が民族は救われる」というような、神話が生まれ、それを民衆は信じるのです。民衆は自分たちに都合のよい奇跡は信じるのです。

こうなると覚者としては、民衆の心との乖離に苦しむことになります。

民衆は救世主に何を期待するのだろうか。民衆は救世主に、物質的欲望の充足、支配力、他民族との戦いに勝つこと、社会が豊になること、そういうモノを期待するのでしょう。しかし、それはいくら積み重ねても、個の内面の心の安心には繋がりません。

当時の、ユダヤの救世主待望論というのも、このような幼い段階にありました。それは今も同じでしょう。救世主が出てきたら何が起こるのか。これを救世主の立場で考えれば、そんな物質的欲望や、戦いの勝利を求められても、それに応えたくはないのです。そんなことではなく、たとえ何があっても心の平安を得られるような心境や、宇宙に調和して生きていけるような、永遠の生命というフラクタル共鳴を手に入れることを民衆に与えたいと思うわけです。イエスの気持ちが良くわかります。

当時のイエスとしては、民衆の要求に妥協することなどは到底考えられませんから、自らの使命を貫くことに徹するのでした。その結果は、覚悟の上です。それがイエスの天命の全うの仕方なのです。つまり、民衆がいくら救世主を待っていても、本当に救世主が出現したときに、民衆はその人を救世主とは思えないわけです。これが人間の実態です。

これは現代においても、事態は全く同じです。民衆はリーダーに何を求めているのかさえ分からなくなっています。単に自分や自分たちの利益にのみ、都合の良いリーダーを求めてしまうのです。民衆の欲望の集積が、人類の幸福に繋がるなどということはあり得ないことです。

一方で、宗教の多くは民衆の要求を無視できませんから、どうしても中途半端にならざるを得ないのです。初めから宇宙の真理を表現している宗教があるとしても、やがて民衆の要求に飲み込まれてしまいます。初めから間違った動機で創られる宗教もあります。途中からおかしくなる宗教も有ります。

初めは宇宙の真理に向かっていても、途中から退化を始めることもあります。実際には、最終的に天まで届く宗教はめったにありません。

これが善悪二元論の限界であり、ここに限界を感じた人は、その外側に、一元論に繋がる普遍性を回復した道を探そうとします。

そして、『般若心経の普遍的な世界観』に繋がることによって、全てに普遍性を回復させようとするのが著者の役割なのです。

そこで、この宗教というやっかいな物を俯瞰《ふかん》して見て、宗教が如何にして普遍性を失い形骸化していくかを更に詳しく述べておきたいと思います。これは例外なく当てはまるのです。

私は過去に数々の宗教書を読んで、ある時はその信者と話していて、何処にも共通する法則性を感じとっています。ここで宗教の現実の法則性を俯瞰して見てみましょう。

それは「どんな宗教でも、それがたとえ人殺しをしたような危険な宗教であっても、日常生活の小さい範囲では常に善である」と言えることです。

さらに、予言のような霊的現象はどこにでもあるし、小さな奇跡や病気が治ったなどの話はどこの宗教にでも有ります。その様なことは宗教の評価基準には決してなりません。勿論、キリスト教もその例外ではないのです。

一般化して説明すれば、多くの信者は日常生活こそが殆ど全てですから、そこに「善」や「小さな幸運」が有ればそれで満足します。

信仰の中で人々はそれなりの幸運の体験をしつつ、確かな導きを体験し、神の存在を感じ取り、人間関係のいざこざを減らし、周囲と調和し、その中で愛を学び、信仰を深めて多くを学んでいることは否定できない事実です。

そこでは奇跡のようなことさえ起こり、神に導かれてこの宗教に入ったことを確信していきます。様々な体験を通して集団の意識が生まれ、独自の行動パターンが生まれていきます。それはそれで当然の成り行きであり、それの何処にも「悪」は有りません。

しかし、人は霊的な意味において、決して宗教に属しているのではありません。フラクタル共鳴として見れば、いっとき、一つのベクトルを持つ宗教に属しているように見えますが、そこを学びの場として必ず次の段階に移行します。背後に居て守ってくださっている守護の神霊が、守護する段階に応じて適切な場を選んで、移行させます。もちろん、勝手に逃げ出すモノも居るのですが、それは何処の世界にも居るモノで有り、やりなおしとなります。ですからその移行は、守護の導きによって成されなければならないのです。

フラクタル共鳴としてみれば、一人の人間は守護の神霊とは常に一緒に居て、その関係が変わることはありません。天命によっては、更にその周りに他の守護の神霊が守って指導します。

ですから実際には、守護の神霊は宗教に依らず、何処に移行しようと常にその人を護り導きます。ですから、その導きの全てを所属する宗教に起因すると考えるのは間違いなのです。しかし、それはそれとして、所属する宗教に起因する導きも当然ありますから、守護の神霊に対して同時に、その所属する宗教にも感謝すべきです。

具体的に言えば、キリスト教で学んでも、或る段階までは学べますが、必ず矛盾が蓄積していきます。その矛盾が大きくなれば、そこから次の段階に移行しなければなりません。

しかし、宗教側は、組織とその人間とには本質的関係があるように、強調しようとしますが、それは間違いです。

しかし、その宗教が組織化されていて、その行動と方針に普遍性を欠いている場合は、忽ち他の集団や社会と対立が発生します。

これはよほど注意深く普遍性を意識していない限り、必ず発生します。

そして、その対立に勝利するためには必然的に選民意識が生まれ、自分達を特別の存在として位置づけようとします。組織の中では選民意識を確信させるような数々の奇跡の物語が定着していきます。

自分たちが特別の存在であるためには、独善という「嘘」も導入されます。この種の「嘘」は、宗教では全ての場合で発生し、好んで導入されます。この「嘘」は実に有効で、嘘を考えつく人は信仰心の厚い人と評価され、嘘は嘘を呼び、リンクされていきます。この嘘によって、自分たちに都合の良い思い込みを強め、深め、あたかもそれが真実であるかの如き、錯覚の世界に好んで閉じこもります。

そして、現実にこのような「嘘」の無い宗教というものは、私はまだ知りません。全ての宗教がそのパターンに当てはまります。その実態を正しく知るべきです。

そして、この「嘘」の継ぎ接ぎで何とか自己正当化のための理論構築を繰り返しても、それをすればするほど矛盾も露呈し、他との対立が目立ってきます。それであっても目先の小さな幸福は得られるのです。

守護の神霊はそれらの矛盾や「嘘」は有っても、個の救われの為に個の運命を修正するためには、矛盾を抱え込んでも、何かを犠牲にしても、或る段階まではこの路線上で人を導こうとしていると、私からは見えます。

この「嘘」は宗教にとって劇薬であり、一次的効果はありますが、それは間違いなく「毒」なのです。やがてその「毒」が自分自身を変質させ、体質を致命的なものにしてしまいます。

さてこの嘘についてですが、正当な嘘もあります。それは、真実そのものを言葉や文字で表現することは不可能であることから、抽象的概念を語る時には象徴的に比喩的に語らざるを得ません。それが比喩であることを知っていれば、嘘であっても嘘ではありません。しかしそれが比喩であることを知らないと、互いに相容れずに大きな怪我をします。その種の嘘も宗教にはたくさんありますから、他の宗教における「嘘」の表現を簡単に批判せずに、そこに共通性を発見し、普遍的に捉えようとすることで嘘は嘘でなくなるのです。

多くの宗教には教祖様が居られるので、更には特殊な神を説くことで、宗教が属人化され、属神化されてしまうことは避けられません。しかし特殊なことを説く教祖様や神様では、それは常に独善という尖った刃を持つことになり、普遍性を失い宇宙から孤立してしまいます。しかし、特殊な役目の教祖様であれば、その神を一つの役割を持った神と位置づければ、そしてそれを周知させれば存在は肯定されます。

宗教は普遍性を失うことで先鋭化し、自らを宇宙の中で特別化し、客観的に位置づけることが出来なくなり、謙虚さを失い、宇宙の中で浮き上がり、それでも強引に押し通そうとして自分たちの歪んだ世界観で、歪んだ価値観で周囲を評価し、戦い続けます。その時にはもう既に、普遍性の欠片も無い、宇宙から孤立した状況になっているのです。だからこそ、宗教が民族限定であれば属人化や属神化が許されますが、その制限を超えた途端に普遍性を失い、矛盾が吹き出てくるのです。

もう一度言いますが、属人化された時には、即ち特殊目的化された時には、部分の働きであることを自ら自覚し、周りにも周知させれば良いのです。それで宇宙の一部として肯定され、普遍性を回復することが出来るのです。特殊目的でありながら、宇宙全部であるかのごとき誤解をさせるような説き方が危険な説き方であり、それが継続すれば、最終的に宇宙の中から排除されることに成ります。つまり、その存在は仮のものとして消滅する以外にないということなのです。

キリスト教の場合は既に述べたように、許可なくイエスを自分たちの世界に取り込み、まるで誘拐したかのように一方的に抱え込み、イエスの絶対性を掲げて自らの全てを正当化しようとしてきました。

そして、日常の中では愛を説き、賛美歌を歌い、イエスを称え、神は自分たちのみを守ってくれていると信じ込みます。

その様にして、普遍性の全く無い独善的な信仰の形が成立していくのです。その矛盾の渦から抜け出せる人はほんの一握りの人だけです。
そして、これから始まる宇宙時代には、この渦から抜け出た普遍性を強く求める人達でなければ通用しないのです。
このように、宗教は「救われの論理」を追求する組織ですが、上記のように確かにこれだけでは矛盾を蓄えた世界を宗教の数だけ創ってしまいます。「救われの論理」と「統治の論理」は本来同じ宇宙の真理から導かれる筈なのですが、どちらかに偏ると、この間には相容れない矛盾を発生してしまうことが分かります。

私はこの書で「救われの論理」と「統治の論理」とのバランスを調整し、イエスと共にその様な矛盾に気付いた人達を般若心経の普遍の世界観の中に導き入れ、「嘘」の無い真の救われを体験するように、そして、地球の人類に普遍の世界観を普及するように、そして、その様な普遍性を追求する人達と新しい宇宙時代を構築するためにこの書を著しています。

絶対普遍の真理とは、原理的には誰が修行をしても、それが宇宙人であっても到達する最終地点は同じところなのです。つまり、宇宙の真理とは特殊なことではなく、それを知れば最終的に誰もが納得する真理なのです。ですからそれは決して属人化されません。属神化もされません。そういう普遍の真理を人類は近未来に求めなければならないのです。

それが般若心経の真理なのです。それを敢えて般若心経と呼称する必要はないのですが、それがこの私が単独で到達した世界と同じモノであるから、私に属するモノではないという意味で、そう呼称してるのです。比喩的に言えば、私が単独で修行し、人跡未踏の山に分け入り、遂に単独で山頂に到達したと思ったら、そこに大きな岩があり、その上に般若心経の経典が置いてあったのです。

もう一つ属人化の危険を示す比喩を示しておきます。一般相対性原理はアインシュタインに属する原理ではありません。これは、アインシュタインが創り出した原理ではなく、アインシュタインが発明した原理でもなく、宇宙の原理の一部をアインシュタインが解読したのです。アインシュタインは高い評価を受け、世界中から尊敬されるのは当然ですが、ここでは宇宙の真理が重要なのであり、いくらアインシュタインを祭り上げても、拝み倒しても、それは本質から離れたことなのです。その事を知ってさえいれば、お守りに「アインシュタインのベロを出した写真」を大事に持っていたとしても、それが属人化にはなりません。そこに全く問題はありません。

フラクタル共鳴による論理構築

後編に移行する前に、この書での議論のスタイルをキッチリ示しておきたいと思います。

私の中ではいつも論理的に議論を積み重ねたいという気持ちが強くありますが、一方で、フラクタル共鳴の中での「私の捉える思考」の進行は決して論理的ではないことを実は私は知っているのです。ここにいつも葛藤があるということなのです。

私は論理形式を整えることによって真実から離れていくのでは意味がないと思っています。

ですから、私の執筆の実際は結論が先にあって、そこに向かって帰納法的立場から演繹的に議論を重ねていくという方式とならざるを得ないのです。

科学的な議論というのは、往々にして演繹的な部分の議論の積み重ねと思われがちですが、私は決してそれだけとは思っていません。

今の私のように帰納法的に結論が先にあって、それはかたち有るモノではなく共鳴体であり、その共鳴体を導くために演繹的な議論を重ねることは、思考の方法としては実は自然なことなのだと思っています。

私自身のフラクタル共鳴による理解としては知識は必要なく、皆さんに説明するためにのみ知識は必要なのです。

私は「イエスからのメッセージ」という結論をフラクタル共鳴によって取得し、それを読者に説明するために知識を積み重ねて演繹的に説明する、という手法をとりました。しかし、これはいわゆる演繹としては不完全なモノです。

もし議論の方法として「フラクタル共鳴」という「宇宙の多次元多層構造の生命活動」の理解が一般化していれば、この全体把握を一発で読者に伝えることが出来るのに、それが出来ないことを私はとても歯がゆく思っています。

私はこの書を通して、最終的には読者とフラクタル共鳴関係を作れると思っていて、これによって「理解」を皆さんに伝えたいと思います。

前編おわり

後編

善悪二元論から一元論へ

前編では、原罪消滅宣言を展開して、非ユダヤ人のキリスト教徒に対してイエスの主旨を伝えました。

そして後編では古代史に遡《さかのぼ》り、旧約聖書の置かれた古代文明と、その後のバチカンの過ちにも触れ、より具体的にイエスの天命について伝えたいと思います。

Ⅴ章

古代史と人類の精神の解放

■人類の古代史から聖書を検討する

驚くべき事に、ローマ帝国のキリスト教そのものであった「バチカン」(フランシスコ教皇)がごく最近(二〇一四年五月二七日)に「宇宙人と接触した時には宇宙人に対してキリスト教を布教する」と公式発言をしました。これ程衝撃的なことを深い考えも無しに不用意に世界に向かって発言することは決してあり得ないことなのです。そこには十分に熟慮して、ある計画の下に発言していることは明らかな事なのです。

これは前編で示したように、以前私が「あり得ない事」の例としてクリスチャンに対して切り札として質問していた事、まさにその事でした。しかし、バチカンにとっては「宇宙人にキリスト教を布教する」こと、つまり宇宙人に対してキリスト教の教理を当てはめることは有り得たわけです。

そして、そもそもバチカンが「宇宙人の存在を認めた事」は、これは驚きです。今後を考えて、それが信仰の根幹に係わることを知った上で、「宇宙人の来訪」が現実となる時に備えて、バチカンの歴史との整合を取る準備として先手を打ったのだと考えられます。

俄《にわか》には信じがたい人も居るでしょうが、やがて地球以外にも人類が存在し、その宇宙人の来訪が現実のものとして公表される時がきます。その時、キリスト教の教理から判断すると、イエス・キリストは宇宙人を含めての「唯一の神の子」でなければならず、宇宙人を含めた全宇宙の救世主として、宇宙の中心者と考えなければならなくなります。バチカンが独善的で自己中心的なのは今に始まったわけではないのですが、これではまるでイエスが宇宙の独裁者のようです。イエスにしてみれば全くもって迷惑な話です。

従って、宇宙人に対してもキリスト教の教理を当てはめ、その帰着するところは「イエスの大犠牲は宇宙人の罪の贖いであり、宇宙人はイエスによって救われる」とまで拡張解釈しなければならなくなったのです。

バチカンによって元々ユダヤ人の論理だった教えを、イエスの主旨を完全に無視して焼き直し、ローマ帝国の「統治の論理」として利用したのでした。しかしそれを世界に拡大しようとし、今度はさらにそれを宇宙人にまで拡大しようとしています。そして、バチカンの生み出したキリスト教の教義上、その狭い世界観を固執したままそれを宇宙人にまで押しつけなければならなくなったのです。成り行き上そうせざるを得ないのだと言えます。

この先には宇宙十字軍でも創りかねないのがバチカンなのです。

しかしながらバチカンは、自分たちの改ざんが巨大な矛盾を生み出し教義が破綻しつつあり、既に矛盾が隠しきれない状況に陥っていることを自覚しているのだと私は思っています。

バチカン自身も宇宙人来訪の新世界に向かって体質を改善しなければならないことは分かっていて、その一環がこの公式発言なのです。

恐らくバチカン自身も変わろうとしているのでしょうが、このままでは根底からの改革は無理で行き着くところまで行ってしまうでしょう。

ところでこの書の主旨は、歪みきったキリスト教の歴史の中でイエスを純粋に信じるキリスト教徒達に対して、いっときも早く目を覚まして欲しいとする私の願いから、それがイエスの願いでもあると信じて、イエスの主旨をできるだけ正確に伝えたいと思ってこの書を著しています。

本来、ヤハウエとモーゼとの契約によってその契約の実行としてイエスが生誕し、イエスによってユダヤ人限定の条件付きで説かれた教えの筈でした。しかしバチカンはその経緯を完全に無視し、無謀にも今、宇宙人にまで拡大適用させようとしています。

そこで私は、私が体得した『般若心経の普遍的な世界観』に立ち、イエスとの直接コンタクトによってイエスから未来に送るメッセージを読み解き、人類への新たな価値観としてここにイエスの真実を書き留めようとしているのです。

宇宙人の存在を前提とする

宇宙人の存在を認めたこと。これは私にとって肯定的な驚きです。実は、イエスの教えの基となっている旧約聖書の時代の話と宇宙人の話は切っても切れない縁があるのです。当然新約聖書にもその経緯は引き継がれています。

バチカンは他の発言と合わせて宇宙人の存在を認めた事は高く評価しますし、その事で私もイエスの誕生や人類の歴史について話しやすくなりました。

しかし、宇宙人の存在を前提として宇宙人と交流するのであれば、キリスト教の狭い世界観を相手に押しつけることになれば、それは価値観の衝突を発生させることになり、大変危険な結果を招きます。

私達は徹底して普遍性を追求した世界観を確立し、それを宇宙人との共通理解にまで深めていく必要があるのです。

宇宙人の存在を前提とした時に、今人類が潜在的に求めているのは「イエスが宇宙で一番偉い人である」、と宇宙人に向かって主張する事ではなく、何処でも誰でもが納得できる、宇宙人にも通用する普遍的な世界観を求める事なのです。そして、その答えは既に般若心経に有るのです。

ここで私の立場、それは即ち般若心経の普遍の真理に基づく全肯定の立場から話を続けます。「従来の歪んだキリスト教を再生できさえすれば、二千年後に原罪消滅宣言を表に出す事でイエスの大犠牲の意味が明確になり、多くのキリスト教徒やそれ以外の人々に正しい理解を促した」と解釈できます。この事は「バチカン由来のキリスト教（偽キリスト教）も歴史の中で一つの役割を演じた」事になるのです。

私の示した世界観、即ち『般若心経の普遍的な世界観』から言い換えれば、原罪が消滅したという事は、つまり原罪が無いというだけに留まらず、人間は空であり、『実在』であり、それが明らかになった事になります。

それは「人間は皆例外なく救われる」という事を大々的に発表した事を意味しているのです。それは同時に、人類の未来は血塗られた終末論ではなく、輝かしいものだという事を宣言する事になります。

そしてそれは般若心経の裏付けを持って成されるのです。

「原罪消滅宣言」が小さな地域で小規模に成されるよりも、この現代の巨大な人口を抱えた人類の中で、現代の知識に満ちて、しかも宇宙人の存在が前提とされる中で成される事の意義は大きいと思います。

後に詳しく話しますが、これから未来に向けてキリスト教徒は「神に創造された人間」から「イエスと同じ自ら神である人間」に認識を変えなければなりません。そしてその事によってキリスト教徒は、否、人類は皆、偉大な根源的な救われを得る事が出来ます。そしてそれは『般若心経の普遍的な世界観』によって成されます。

そしてさらに、普遍の世界観を知り、原罪から解放され、そのことで『空』という『実在』を知り、『実在』をめざし、そして『実在』に至り、全肯定される事で初めて人間は「根源的な苦しみから解放される事になる」のです。その道を以下に示し、その大事にこそ大きな喜びを感じて欲しいと思います。

Ⅵ章

地球に係わった知的生命体とイエスの誕生

今こそイエスの原点に帰り普遍性を回復する

私の今日の話は、イエスの名において大犠牲の本当の意味を明らかにした事。「イエスの贖い」の本当の意味を明らかにした事。という事です。原罪が消滅した事から一気に論理展開が出来て大きく未来は開けます。

ですから、原罪消滅宣言によって虚構の歴史を全部清算したのです。もう原罪の事は考えなくていいから、誰もが例外なく「救われます」「空に戻れます」、という事ですね。

それを通して、今後成すべきキリスト教の新たな枠組みを示した事。さらに、ここに示した2種類の毒を排除する事はキリスト教再生には不可欠である事。その事を話しました。

イエスが文字通り命をかけて変えようとした旧約聖書に書かれてある世界観は、イエスから見たら子供だましのような玉石混淆の、矛盾だらけの、実に脆弱《ぜいじゃく》な世界観であります。

「旧約聖書の中には地球を訪れた宇宙人と、信仰上の絶対の「神」との区別が付かず、宇宙人を神と誤認している状況がしばしば見つけられる」という、エーリッヒ・フォン・デニケンの主張に私は心から賛同します。

イエスはこのような誤認と混乱に溢れる旧約聖書の世界観に付き合いながらも、全否定せずに大犠牲による原罪消滅宣言によって、今一気に善悪を超越した全肯定の一元論の世界の入り口へ発展的に誘導したのです。

即ち、ここまで遠回りしましたが、イエスの大犠牲の意味が今、私によって明らかにされた事で「宇宙の本質を『実在』そのものである」とする「『空』の世界」への入り口を大きく開いた事に成るのです。

原罪消滅宣言は、一気にここまでの意味を持って未来に展開する事になるのです。

私は、この事にイエスの本当の狙いがあったに違いないと思っています。私の中でイエスの教えが般若心経に繋がったというのはこの事です。

しかし普遍の立場に立ち、完全に一元論と結合するためには新約聖書で説かれる「創造物としての人間」のままでは何処まで行っても人は創られたままであり、真の意味での救われは不可能であり、『般若心経の普遍的な世界観』に到達する必要があります。

つまり、全ての人間がイエスのように、人間の本来性は神と同じであり、神になれるのであり、神と一体の立場に立てる事を認めなければなりません。そして、そのための論理展開が必要であり、その論理構築と現実の実践手法は私が既に般若心経で実現しています。

イエスに課せられた様々な誤解を取る

私は二〇代後半に幾つかの啓示を受けて、それに沿って修行し、般若心経の解読に至りました。その意味で、この私も宇宙との交流の中から、宇宙人の立場からこのような事を書いているのです。

私がイエスに対して誤解していて、それがやっと解けたように、多くのキリスト教徒によるイエスへの誤解を解き、イエスの業績を正しく評価して未来に繋げたいと思っています。

そのためには正しくイエスを理解し、特別の出生故にイエスに課せられた様々の誤解を解き、濡れ衣を着せられてきた歴史を読み解き、正しいイエスの姿を私ができる限りの範囲で明らかにしていきたいと思います。

ここでいよいよ宇宙人の存在を前提として、ユダヤ人の背景を簡単に示しておきます。旧約聖書の民に直接係わった神々は、決して神そのものではなく、地球外から来訪した宇宙人です。当時の人類はそれを神と誤解したのです。

ここで地球外とは、他の惑星や他の恒星系というだけではなく、時間の次元空間の次元の異なる場合も含みます。

人間も宇宙人なのですが、先ずその呼称についての決め事をします。地球を含めた広い宇宙に存在する宇宙人を知的生命体と呼称します。そして知的生命体が地球を来訪した時には、それを地球外知的生命体と呼称します。

人間も知的生命体の一種

当然我々人類も知的生命体の一種であり、般若心経の真実から知的生命体と人間との間には本質的違いはありません。我々人類も知的生命体としての宇宙人も『空』から見れば同じ人類であり、『実在』としての存在であり、その意味で「宇宙の人類は一つ」なのです。

知的生命体は肉体を持っている場合もあれば、霊的存在である場合もあります。知的レベルの高い生命体も居れば、低い生命体も居ます。精神性の高度な知的生命体も居れば、低い知的生命体も居ます。この書では、知的レベルと精神性とは区別していることに注意してください。

宇宙はあまりに広く深く、様々な知的生命体が存在するのです。ここに示した幾種類かの地球外生命体が古代の地球を訪れた様々な証拠と記録は、エーリッヒ・フォン・デニケンとデニケンの主旨をさらに展開しているジョルジョ・ツォカロスに多くを学ぶ事が出来ます。

そして私は、その古代の記録に『般若心経の普遍的な世界観』を追加して、さらに広く深く展開していきます。それは最終的には明らかにされますが、直ぐには理解できない事もあるでしょうが、以下に凝縮して書いておきます。

人間と宇宙。『実在』と「非実在」

宇宙という全存在は『実在』と「非実在」から成り、人間を含めた知的生命体は『実在』としての『空』から分かれた存在であり、元々根源に於いて一体であり、生命活動のために個々に分かれましたが、究極に於いて宇宙生命体は一つに戻ろうとします。それは「非実在」の世界での活動を終えて『空』に戻る事を意味します。これを「空への帰還」と言います。

『実在』とは、永遠性に基づく完全性と、絶対性と、普遍性の、基本三特質を有していて、それぞれが基となって生命エネルギーを生み出し、その基本三特質のフラクタル共鳴によってこの宇宙を作り出し、その中で生命活動を営んでいるのです。現実社会に生きる我々も、基本三特質の生命エネルギーを使ってフラクタル共鳴を発生させて現実の生命活動を営んでいる事になります。

知的生命体の地球への係わりは数十万年前から始まっていると言われています。その後一万年前くらいから頻繁《ひんぱん》になり、遺伝子改良が積極的に行われたようです。このような知的生命体との係わりは旧約聖書に限らず、世界各地にその伝承があります。日本もその例外ではありません。

つまり、地球に住む私達は皆、知的生命体の遺伝子を持つその子孫なのです。

ここで遺伝子改良と言ってもそれは肉体と肉体に係わる意識の改良であり、決して魂の改良ではありません。ここで『実在』に直結する霊体と霊性とは、元々魂として肉体とは切り離れて存在していて、時々肉体にまで降りてきて生命活動を営みます。（遺伝子改良とは、「非実在」の部分の改良であり、『実在』の部分には無関係ですが、遺伝子には隠れたスイッチがあって、精神性によって、そのスイッチをオン・オフできるとの研究成果があります。）

『実在』と「非自在」については般若心経から導かれる極めて重要な真実であり、この書で語る紙面は用意されていないので、詳しくは拙著『未完成だった般若心経』（献文舎）を読んでください。

宇宙人の地球来訪に関して正しい理解を持て

当時、神と呼ばれた地球外知的生命体は実際に肉体を持ちながら、人類より遙かに進んだ科学技術を持ち合わせていて、その多くは地球人よりも広い世界観を持って地球を訪れています。しかし、彼らが高度に発達させた科学技術を持つことがそのまま高度な精神性を持っているとは言い切れません。科学技術の発達の或る段階で、自分たちや或いは自分たちの周囲を滅ぼさずに科学技術を長期に亘って安全に運用するためのシステムを作り上げた宇宙人だけが残ったと言えます。

地球は今、自らを滅ぼさずに科学技術を発達させることが出来るか否か、その分かれ道の段階かと思います。高度な精神性を持つ文明が高度な科学技術を運用することが理想であり、私たちもそう有りたいモノです。一方、精神性の低い文明が高度な科学技術を運用することが最も危険であり、それを避けるためには、犠牲を払っても、その危険の芽を根っこから取り払わなければなりません。

過去に地球を訪れた宇宙人たちの殆どは、高度な精神性を持ち、本来的には宇宙意志に従っていて、長期計画を立てて地球に係わり、人類の進化を促しながら背後から人類を指導しています。しかし彼らは決して「神」ではなく、それは様々な個性の持つ人格としての「人」であり、信仰の対象となる神や神々と勘違いしてはいけないのです。

そこを詳しく語るとさらに皆さんを驚かせる事になりますが、地球外知的生命体の集団は複数存在し、どれも宇宙起源であり、ユダヤ人に対してだけではなく人類全般への深い係わりがあり、当然他の民族に対しても係わり、歴史的には時代を超えて複数の地球外知的生命体の集団が地球に係わっています。そして、それらの複数の地球外知的生命体による地球への係わりが統合的に、統一的に成されたわけではないので、その後の人類の歴史をかなり複雑にしてしまったのです。

そしてある種の地球外知的生命体の集団が旧約聖書の民にも深く係わり、遺伝子操作も行いながら人類の進化を促してきました。旧約聖書にはその時の記録が地球人の側の目で見た記録として断片的に、しかも極めて不完全な形で残されています。地球人の側の不完全な知識で観察した事により、そこには信仰の「神」と地球外知的生命体との区別がないまま、かなりの混乱が見られ、その混乱した構図は一部キリスト教にも引き継がれています。

地球に係わった知的生命体が複数有る中で、この旧約聖書に登場する地球外知的生命体を、ここでは選択的に知的生命体（X）と呼称します。

どの種類の地球外知的生命体であっても、確たる理念と方針に基づき決められた計画に則って地球を訪れています。

その中でも特に地球人に遺伝子操作をした知的生命体は、その責任上その経過を観察し、必要ならば更なる追加の遺伝子操作をする事は当然であると言えるのです。彼らは彼らの責任を果たそうとしているのです。

そして特に、旧約聖書に出てくる知的生命体（X）は数万年に及ぶ長期的な係わりによって人類を指導し、そしてユダヤ人にも係わっています。

旧約聖書ではこの知的生命体（X）による地球への係わりがクローズアップされて、シュメール文明の粘土板や旧約聖書に登場します。

知的生命体（X）による熱心な地球改造計画は、度重なる遺伝子操作によって人類の知的進化の段階を大きく前進させたのです。この事実を我々は謙虚に受け入れ、それを事実として認めなければなりません。

ガブリエルが「唯一の神」ヤハウエの許可を得て、地球に係わった事実は、善悪二元論ではなく、完全な一元論としての理解で、受け入れるべきなのです。その事は少しずつ説明していきます。

ガブリエルは知的生命体（X）の中で最高の地位にある指揮官であり、使命を持って地球を訪問し、数十世紀に亘り地球を訪れ、指揮しています。誤解されがちですが、当然イエスもガブリエルの配下にあります。当然イスラム教でもその立場の関係は明確であり、ガブリエルの下にムハンマドが位置します。

ガブリエルの信奉する、即ち知的生命体（X）の信奉する世界観は、善悪二元論を超えて当然一元論に到達していて、それは『般若心経の普遍的な世界観』に匹敵しています。そして、それ程の高度な一元論的な理念の下に行動する知的生命体（X）であるならば、私達は彼らを「育ての親」として受け入れ、それを前提にこの計画を高く評価すべきなのです。

精神性の進化した宇宙人、つまり『実在』を知る地球外知的生命体が接触してきた時に、もし我々地球人が普遍的な世界観を知らずにいれば、つまり一元論的世界観を知らずにいれば。それは即ち過去に彼らが人類に係わった様々な出来事の一部を被害者意識で否定的に捉えるような罰当たりのことをするならば、彼らは地球人と公式に関わることを拒否するでしょう。

我々は宇宙人と接触するためにも『般若心経の普遍的な世界観』を学び、一気にそこまでは成り切れないとしても、それを求める目標として、一元論的世界観の下に地球外知的生命体との交流を求めている立場を表明するべきなのです。善悪二元論の立場で接することは危険なのです。私としてはそれを想定することさえはばかられるので、敢えてその危険性については書きません。

こちら側に一元論的世界観から導かれる普遍的な価値観を求める姿勢さえ有れば、我々は彼ら地球外知的生命体を「神」として扱う必要はありませんし、いたずらに怖がる必要もありません。彼らを我々人類の先輩として、我々に高度な思考力を与えてくれた恩人として接するのが正しい接し方です。

ユダヤ人に限らず世界の多くの人達は、真の意味で「救われの論理」を求める段階に至っていないのが実情です。それは即ち、未だ殆どの人は救われの為に必要な「正しい苦しみの自覚」を持ち得ていないということを意味しているのです。この点に関する議論は私の他の著書に委ねます。

従って、ユダヤ人はイエスをユダヤの救世主とは認めず、更にイエスの死後、ユダヤ人限定の条件が故意に外され、イエスの主旨に反して世界に拡散し、世界は大いに混乱してしまいました。しかし、今ここにイエスからの決定的な係わりが原罪消滅宣言として成されて、バチカン由来のキリスト教（偽キリスト教）はリセットされ、それと同時にイエスの教えは本来の姿に戻り、一元論的価値体系を回復し、一元論的に統合されていく事を私は期待しています。そしてそれこそが、人類の恒久平和を意味するのです。

今後、世界はますます狭くなり、『般若心経の普遍的な世界観』を知る必要が出てきたのです。それをイエスの立場で言い換えれば、限定的なユダヤ人のヤハウエから、宇宙人を含む普遍的な世界のヤハウエにならなければならない段階に至ったと言えるでしょう。

ですから、宇宙人を含めた世界の恒久平和に統合されていくにはバチカンのキリスト教を根本から見直し、ユダヤ人専用の条件は限定的に残して、それをユダヤ人社会の理念として位置づけ、一方普遍的な世界観を基として、世界に通用する「統治の論理」と「救われの論理」とを説き直さなければならないのです。

イエスの原罪消滅宣言はその様な発展的な位置づけにあり、そしてさらに『般若心経の普遍的な世界観』は人類の恒久平和を創り出す、一元論的な世界観への統合としての意味を持つのです。

旧約聖書を背景にイエスの登場となり、原罪消滅宣言に至る

旧約聖書の創世記に記述された「アダムとイブの話」は数千年前のユダヤ人の祖と呼ばれるアブラハムの時代からさらに数万年も遡る頃の話ですから、殆ど人類発祥の頃の話です。

この頃から宇宙人が係わり、遺伝子操作が成されて、今のホモサピエンスが創り出され、或いはホモサピエンスをさらに遺伝子操作により進化させ、人類は今も驚くべき速さで進化をし続けています。

アダムとイブの話は旧約聖書に比喩的に書かれているために、なかなか現代の学問とは一致しませんが、旧約聖書にそれが書かれていることだけが問題で、人々はそれを信じて「人間は罪深く救われない存在である」という認識が生まれ、旧約聖書の民はそれを抱えて生きてきたことになります。

しかも、当時の地球人の側に正しい知識がなかったために遺伝子操作の実態を理解できず、地球人の側に誤った認識による大混乱を発生させてしまった事を知れば、係わった地球外知的生命体の側としても、それを放置はできない事なのです。いずれその混乱の収拾と修正指導しなければならない事なのです。

アダムとイブの話は「遺伝子操作の事実」を示そうとしていて、その歴史の断片が比喩的に表現されていて、そこに地球人の側の無知も重なって、大きく歪められてしまいました。

「アダムとイブが禁断の果実を食べたことで罪を犯したことになり、子々孫々まで救われることはない」としたのは、これは恐らく知的生命体が人間に対する哀れみを示し、そこからくる皮肉の混じった発言なのだと私は思います。

遺伝子改良などせずに、本能のままに動物的に生きていけば、苦しみも自覚すること無く死んでいけるのに、人類も遺伝子操作によって遂に我々と同じ知的生命体となったことで、これから様々な苦しみや試練に遭うのだろうという、同情にも似た皮肉の発言なのだと私は思います。

結果として、「歴史の断片」として記録に残ってしまった哀れみと同情と皮肉の発言は、そこだけ取り出せば実に脅迫的であり、余りに理に反していて、地球外知的生命体から判断して、最優先に訂正指導しなければならない事となったのです。

旧約聖書の成り立ちから言える事は、旧約聖書はモーゼとヤハウエとの契約を基として、神々（つまり知的生命体）によるユダヤ人に対する「統治の論理」であり、その後進化したユダヤ人に対しては「救われの論理」が必要であるとの判断から、イエスを遣わしたと言えるのです。これも知的生命体からみてのモーゼとの契約を果たそうとする結果だと言えます。

そこでイエスによって原罪消滅宣言を成し、旧約聖書の呪縛を解き、強烈な独善を和らげ、善悪二元論に手を加え、間違いや誤解を解き、少しずつ普遍的な一元論の世界の入り口にまで導こうとしたのです。

ですから、イエスの生誕には知的生命体が深く係わっていることは明らかです。

幾つかのイエス生誕の予告、受胎告知、ベツレヘムの星、マリアの処女懐胎、水を葡萄酒に変えた、病気を治した、水上歩行をした、死後復活した等のイエスの係わる数々の奇跡は、イエスが地球外知的生命体の遺伝子を多く持って、彼らの協力の下に成された事の傍証であると考えられます。そしてそれは十分にあり得た事だと私は思います。特に、私が思うにマリアの処女懐胎は遺伝子操作そのものを語っていると言えます。今やそのくらいの技術は人間も持ち合わせていて、もはやそれは奇跡ではありません。

イエスの背後にはガブリエルの管理する知的生命体のチームが係わっていて、特殊な能力の遺伝子をマリアの卵子に遺伝子操作して組み込み、その受精卵をマリアの子宮に戻し、イエスを地球に送り込んだのです。

イエスの生誕とは、正確に言えば旧約聖書に係わった神々、つまり地球外知的生命体が主導し、地球内知的生命体も協力して「唯一の神」の理念の下で許可を得て、ユダヤ人を導くためにベツレヘムに遣わされたと言えるでしょう。

その意味でイエスは、その神と呼ばれた地球外知的生命体がこの時代に明確な目的を持って地球に送った、「決して神ではない、知的生命体のひとり子」なのです。

イエスの背後で指導するガブリエルを中心とする霊団は、ここまで奇跡を用意して「ユダヤの救世主」出現を演出したのでした。

そして二千年後の今、『般若心経の普遍的な世界観』に立ち、イエスの教えに普遍性を回復するという私の使命から、当時の演出の意味を明らかにすべくこの書を書いているのです。

当然私はガブリエルとイエスには断りを入れています。ガブリエルは地球人類開発プロジェクトのリーダーであり、軍隊のような規律を持った組織のリーダーと思われます。ガブリエルに対しては「今こそ人々はそれを知っても良い時期」という私の判断の同意を求める確認をしてから、この書を著しています。

後に詳しく述べますが、ユダヤ教とキリスト教で説かれる「唯一の神」ヤハウエはガブリエルの属する地球外知的生命体にとっての神であると同時に、ユダヤ人にとっての民族の神としての地球外知的生命体でもある事を皆が理解しなければ、混乱はさらに続きます。

ガブリエルによる見事な演出でアブラハムをユダヤ人の祖として人々の信仰を確立していきますが、一方では弊害も出てきて、幾つかの混乱もあります。さらに、イエスの時代になり、当時の民衆の多くは無知故に、そしてイエスを尊敬するが故に正しく理解されずに「信仰上の唯一の神のひとり子」と解釈してしまい、キリスト教独特の「毒」となって現代にまで悪影響を及ぼしているのです。

更に知るべきは、イエスにまつわる様々な奇跡が「イエスが唯一の神の子である」事の証拠には決してなり得ないという事です。それらの奇跡は地球人から見れば奇跡ですが、実際には彼らの科学技術の高さを示しているのであり、それ以上のものではないのです。

統治するガブリエルの側から見て、ガブリエル指導の「統治の論理」はかなり確立しましたが、ユダヤ人とその社会の精神面に於いてはかなり不満足でありました。

そこで、人心がかなり混乱した時期、緊急対応として目的を限定して、対象をユダヤ人に限定して、軍隊出身ではないイエスが精神面の救い主として遣わされたのです。

限定された緊急目的の演出だからこそ、尚更ユダヤ人限定なのです。否、その前にそもそも「ユダヤ人の神」（ヤハウエ）とモーゼとの契約上の、ヤハウエ側からの実行だから対象はユダヤ人限定なのです。

しかし、ユダヤ人社会はイエスを救世主とは認めず、ローマに支配される現状を打破し、新たなユダヤ国家の独立を成し遂げてくれる救世主を待ち望んだのでした。このことにより、ユダヤ人の精神性の開放はさらに遅れることになりました。

ここに示したように、イエスの真の姿が明らかになっても、イエスの権威が落ちる事は一切ありません。この事実が明らかになった事で、はじめてイエスは普遍的な世界観の中で活動できる条件が整ってきたことに成るのです。

そして、この普遍的な世界観の中でなら、イエスが非ユダヤ人に働きかける事が可能な道筋がやっと生まれてきます。当然イエスもそれを望んでいるのだと私には思われてきます。ここは重大な事です。だからこそ、私にそこまで言わせているのです。

ガブリエル側も「もうここまで言っても良い時だ」との判断があって、今私が言わされているのです。

歪んだキリスト教とマリア信仰

既に私の発言はもう十分に私の領分を逸脱していると思いながらも、後ろから強く押し出されるようにさらにメッセージが湧き出てきます。

「統治の論理」を作るために改ざんを重ね、恣意的に新約聖書の編纂をした事は誰よりもローマ（バチカン）自身が一番よく分かっている筈です。その資料を全て持っているのもローマ（バチカン）です。ですから、バチカンは「キリスト教はイエスの教えそのものではない」事はよく知っているのだと思います。

つまり、イエスの教えはユダヤ人専用の教えであり、しかも「統治の論理」ではなく、元々ユダヤの救世主としての「救われの論理」の教えである事は調査する中で当然知ることになりました。これではもはや、イエスの説く路線の上には自分たちに都合の良いローマ帝国の「統治の論理」は作れないと知って、もう後には戻れない状況になったのだと思います。

バチカンはそれを自覚しているからこそ、過去のヤハウエとモーゼとの契約による旧約聖書は過去の物として、バチカン編纂の聖書を旧約とは違う新しい契約なのだと言いたいのでしょう。しかし、その契約の場にはイエスは基より、ヤハウエもモーゼもガブリエル（当然ミカエル・ラファエル）もいないわけですから、全くもって自分たちの都合の「統治の論理」として、ローマ帝国の支配の論理を作り上げたわけです。

四世紀から五世紀にかけて「イエスが人なのか神なのか」に関する激しい議論が戦わされます。この段階まではまだイエスが「人間性と神性」の両方を持つ存在、つまり「般若心経で言うところの人間」と同じ存在とするまともな主張が存在していましたが、四三一年にはエフェソス公会議によってその主張は完全否定されてしまい「唯一の神の子」が確定してしまったのです。

ここでも「何が真実か」ではなく、「何が必要か」というローマ帝国の「統治の論理」が最優先されて結論が下されてしまいました。

この会議ではさらに「神の母」としての「聖母マリア信仰」という形も追加して確定されてしまいました。マリアとしては、そこに余りにも重大な過ちがある事に心を痛めているように私には感じられてしまいます。

ところで、その状況を知ってしまうと聖母マリアを信仰するのはとても不自然に見えます。その不自然さとは聖母マリアの出現というような霊的現象はしばしば聞きますが、私は詳しく調査したわけではありませんが、バチカンを肯定するようなイエスの霊的出現は全く聞いた事がありません。反対に、例えばイエスの復活によるヨハネ黙示録や、ルターの宗教改革に時を合わせたようなスウェーデンボルグの霊視、その後のエドガーケーシーによるイエスとのコンタクト等は全てバチカン由来のキリスト教（偽キリスト教）が間違っている事を示しています。

当然バチカンはその事を知っていて、イエスに認められていないとの自覚はあるのでしょう。そこでバチカンは、バチカンが創り上げた聖母マリアに頼ろうとしている様に感じてしまいます。それが私の感じ取る不自然さです。

世界のあちこちで聖母マリア像が血の涙を流している姿を見聞きする度に、それは「バチカンによるキリスト教成立の過程に恣意的で強引で無謀な論理構成があり、その余りにも重大すぎる誤謬《ごびゅう》に対して、聖母マリアは血の涙を流して世界中の人達に訴えている」と捉えるべきではないでしょうか。聖母マリアの像の流す血の涙を見ていて、私はいつもそう思ってしまいます。

■宇宙人の存在を前提とするとよく理解できる

バチカンはこのように「救われの論理」ではなく、「統治の論理」を最優先してローマ帝国に都合の良い独善的な世界観を構築してきたことを述べました。
そしてこれからは、まさにバチカン自身が公表したように、「いよいよ宇宙人（地球外知的生命体）」との交流も表に出てきます。これまでのような独善的な世界観では人類史の中に孤立してしまいます。時代は普遍性のある世界観を強く求めています。当然バチカンは宇宙人情報も、かなり収集していると思います。しかしその解釈は自己保身のための自己流なのですが。

普遍性を回復した世界観に立てば、イエスは旧約聖書に係わった知的生命体から遣わされた「人」であり、同時に「神」であり、我々と本質的に同じ「人」であり、「神」であるからこそ、イエスは人類史の中に普遍的存在として残る事ができて、その働きを全うする事ができるのです。

ここで示したイエスの数々の奇跡や地球外知的生命体による遺伝子操作などの話はかなり踏み込んだ話なのであって、一般常識を逸脱しており、受け入れる事が出来る人だけが受け入れれば良い事です。そして、ここに疑念を持つ人は受け入れる必要はありません。また、その事で全体の意味が変わる事はありません。どの道イエスの奇跡を信じない人は地球外知的生命体の存在をも信じないでしょうから。それで矛盾は無い筈です。

ただし、この事が理解できると、信仰の対象である神と、人間に直接係わる神との違いが明確になります。絶対の存在としての神が理解できれば、神が争ったり、罰を与えたりする存在ではない事が分かります。そして信仰上のいくつもの矛盾も解決されてきます。

旧約聖書を読んでいると、それは新約聖書でも同じなのですが、読んでいて恐ろしくさえ感じるところが多々あります。恐怖感で人間を支配しようとするのは真の神の姿ではありません。そして、もしその恐怖の論理を受け入れてしまえば恐怖は消え去りますが、その時支配は成されたのです。

さて、このような知的生命体の宇宙規模の展開が成されている中で、それを知らない地球人の側から見た歴史の記録が旧約聖書に多数残されています。そこでこの旧約聖書の脆弱な世界観を命がけで変えようとしたのがイエスです。

歴史的な全体像について

キリスト教を語るには、当然その元となっている旧約聖書について、即ちユダヤ教について触れなければなりませんでした。しかしそれだけでは不十分です。俯瞰してみれば、同じ旧約聖書の民であるイスラム教について触れないのはバランスを大きく欠いている事に気づかなければなりません。

伝承ではユダヤ人はアブラハムを開祖としていますが、開祖とする限りにはアブラハムがただ優れた人間と言うだけではなく、地球外知的生命体からの積極的係わりがあったからだと考えられます。もっと具体的には、地球外生命体は人間の遺伝子改良に成功したからこそ、その成功例のアブラハムを開祖として、アブラハムを父とする二種類の卵子（二人の女性）の系統をユダヤ人とアラブ人として、その子孫を追跡調査しつつ、その指導が成されていると考えられます。

一方のアラブ人は六世紀から七世紀にかけてイスラム教を興す事になりますが、この時期は五世紀から現代まで続くローマの帝国によるイエスの主旨を無視したキリスト教の新たな展開の始まる時期と重なり、両者が無関係で有る筈は無いのです。ここに明らかなガブリエルの意志が見て取れます。そして、これについて触れなければ全体像は見えてきません。

旧約聖書の民はアブラハムから発祥したユダヤ人とアラブ人がいて、互いが近隣にいて、しかし適切な距離を保って、互いに係わりを持ってそれぞれの歴史を歩んでいます。遺伝子改良の追跡調査のためには血が混じらない程度の文化的距離、即ち信仰上での互いを隔離するルールが必要であったのだと言えます。

しかし、何故今、ユダヤ人と同じようにアラブ人の歴史について、対として語られないのでしょうか。それは多分に現代の政治情勢が影響しているからなのだと思います。

ヨハネの黙示録にはイエスの復活によって語られるキリスト教の未来が示されています。そこにはほぼ絶望的なキリスト教の未来が語られ、今有る天と地は破壊され、「新しい天と新しい地」を与えるとあります。私にはこれは天変地異ではなく、バチカンのキリスト教が創った価値観そのものが大きく破壊され、新しい価値に生まれ変わるのだと読み取れます。この事は決して悲劇ではなく、とても祝福すべき事だと思います。

この書で述べたように、バチカンの創ったキリスト教は既に論理破綻を起こしていて、もはや自己修正できない段階にまで達してしまいました。

勿論今からでも修正は可能な筈なのですが、その依って立つ原理原則の間違いを自分では見つけられないとするなら、私が示した「この書」は大きな回答を示していると言えます。

ところで、忘れてならない事は、ローマ帝国で成立した新約聖書とそれを基にしたキリスト教再生は確かに重要であっても、それは非ユダヤ人への働きかけであり、イエスにとっては付属の事であり、もっと重要な事が有るのでした。

Ⅶ章

イエスによる最終章

未来を開く鍵が見つかった

常識的に言って、もともとユダヤ人限定で説かれたイエスの教えをこれだけ歪めてしまった今の偽キリスト教を、ユダヤ人に対して「受け入れよ」というのは到底無理な話です。

しかし、原罪消滅宣言なら話は違います。ユダヤ人が原罪消滅宣言を否定さえしなければ、それだけでも未来は切り拓かれると私は思います。その前提でこの先を書き続けます。

さらに、もしあなたが原罪消滅宣言に気づいたイエスの使徒であるなら、今こそイエスの説いた道の最終章の原罪消滅宣言をユダヤ人に伝え、イエスがユダヤの救世主として生まれた、という事を明らかにするべきでしょう。

今度こそユダヤ人に、原罪消滅宣言から導かれて、究極的には見事に一致する『般若心経の普遍的な世界観』を整えて、共に世界の恒久平和に向けて動き出す事を、私は期待します。

普遍の真理を追究してきた私が、当初の意に反してここまでユダヤ教やキリスト教に踏み込むとは予想だにしていませんでした。しかし、ここまで踏み込んだ限りには、少しでも再臨のイエスの準備のための地ならしに成る事ができれば有り難い事だと思います。

原罪消滅宣言に戻って普遍性の有る新しい価値を構築する事は、イエスがユダヤの救世主であるために必要な原理です。

そのイエスの示した原理が初めて世に出た事になります。

原罪消滅宣言は磔という大犠牲の時点では、まだ完結していないのです。

つまり、その二千年後に原罪消滅宣言は成されたのです。そして、ここに初めてイエスの教えは最終章に入ったのです。


ここまで来てやっとイエスの天命は本来の働きに戻れる事になります。何とも長期的な気の遠くなるような遠大な計画なのかと、驚きに耐えません。

当時のイエスの振る舞いと主張はユダヤの律法に合致しないとして、ヘロデ側から全く相手にされなかったのでしたが、今ここに原罪消滅宣言が明らかになれば、ユダヤ人はイエスをユダヤの救世主として受け入れる事に障害はなくなったと言えるでしょう。

新しい天と新しい地

イエスの原罪消滅宣言が公になれば、ユダヤ人に対してだけではなく、アラブ人に対しても強い、そして、素晴らしい影響を与える事になると思います。旧約聖書の民は皆、アダムとイブの話を抱えているからです。

現代に於いても、ユダヤ人もアラブ人も旧約聖書を肯定している限り、アダムとイブの原罪を潜在的には意識している筈です。

そこで、イエスの原罪消滅宣言を知った時、ユダヤ人もアラブ人も敢えてそれを否定する理由もその必要性も無いと考えます。敢えて否定して、「まだ原罪は残っている」と反論するとは到底考えられません。

『般若心経の普遍的な世界観』に依れば、原罪が消滅したという事はそのまま「人間は必ず救われる」という事を意味しますから、誰もが原罪消滅宣言を知って歓迎し、安心するのではないでしょうか。

さて、これから先の事ですが、未来の「新しい天と新しい地」を創るためには未だ条件が不足であり、さらなる条件が整わなければなりません。次第にそれが私の心に浮き上がってきます。

ここ数千年の歴史を振り返れば、中東の歴史の全体像が見えてきます。キリスト教社会の人達はなかなか認めようとしないでしょうが、ヨハネの黙示録の示す「新しい天と新しい地」の意味を考えてみれば、それは破綻したキリスト教に代わって新しい価値観が生まれる事を意味しています。そしてそれはずばりムハンマドが興したイスラム教の発祥と、その後のオスマントルコの成立に無関係では無いと解釈できます。

ここで私の見解を述べることを許して戴ければ、ガブリエルの書いた筋書きではアダムとイブに始まり、アブラハムによる二つの民族の発祥、及びモーゼの物語までが序章でしょう。その後のイエスの出現と磔までが第一章。次に、ローマ帝国によるキリスト教の大混乱が第二章。そして、ムハンマドの生誕とイスラム教の発祥、及びオスマントルコの勃興と消滅までと、ルターによる宗教改革とバチカンによる「宇宙人発言」までが第三章。そしていよいよ今、差し迫る大きな危機の中で、対立を克服し、一元論が前面に出てきて「新しい天と新しい地」を構築する最終章が始まった段階であり、今後の展開にこそ大きな意味があると思われます。

第三章で先駆けとして出現したムハンマドが、最終章ではいよいよ、イエスの協力を必要としていて、ムハンマドはイエスの再臨を待っているのだと言えます。

ガブリエルの計画を理解する

しばしば、イエスとムハンマドが対立していると誤解されていますが、それは間違いです。偽キリスト教とイスラム教が対立しているのです。この二つが捻れたまま対になっているのです。

その捻れを理解しておいて下さい。これを理解するためには、キリスト教を原始キリスト教と分離して考えなければなりません。分かりやすく、この項目ではキリスト教を偽キリスト教と明記します。

そもそも構図として、ガブリエルとムハンマドが興したイスラム教は原始キリスト教に対峙しているのではなく、パウロによってローマに伝えられた非ユダヤ人のための偽キリスト教と対峙しています。

つまり、ガブリエルが興したイスラム教はガブリエルの係わっていない偽キリスト教と対峙しているのです。対峙しているのはそれが偽物だからです。勿論、偽キリスト教を抑制するために、ガブリエルがその構図を創ったのです。

互いの対称性と共通性としては、偽キリスト教の元となる原始キリスト教とイスラム教はどちらも旧約聖書を聖典としていて、原始キリスト教は勿論ですが、バチカン由来による偽キリスト教であっても、その唯一の神「ヤハウエ」は、イスラム教の「アラー」に対応しています。

繰り返しになりますが、原始キリスト教とイスラム教、それぞれの宗教の発祥に関与したのはどちらも天使ガブリエル（イスラム名はジブリール）です。ところが、バチカン由来の偽キリスト教には、ヤハウエもガブリエルも、そして勿論イエスも関与していません。この事が、バチカンのキリスト教が偽キリスト教であることの、絶対崩せない重要な証拠なのです。

つまり、ヤハウエとユダヤ人代表のモーゼとの間で取り交わした契約書を勝手にバチカンが改ざんして、ガブリエルの主旨を無視し、元々のユダヤ人との契約を古い契約として切り離し、自分たち非ユダヤ人とヤハウエとの契約に変更契約してしまった事を意味します。そして、この契約書改ざんの証拠が新約聖書なのです。そして旧約聖書は無効としていた筈なのです。

しかしバチカンの運用を見てみると、旧約聖書の都合の良いところは今も有効として、それを取り入れています。偽キリスト教にも係わらず、ユダヤ人の歴史をそのまま自分たちの歴史のように取り込んでいるので、複雑な捻れが生じているのです。

このようにバチカンのキリスト教は歴史から浮き上がって切り離れており、そこには解消しきれない根本的な矛盾があるのです。ですから、これをキリスト教と呼ぶこと自体に無理があるのです。

そこで一方、決して「旧」ではない、旧約聖書においては、アダムとイブの話もアブラハムの話も、そしてそこではモーゼの話さえ、ユダヤ人とアラブ人とは共通であり、ガブリエルに導かれる民族としての一貫性があります。

さらに、旧約聖書の歴史は基本的にシュメール文明の歴史と重複していて、その中でユダヤ人とアラブ人の歴史はかなりの程度重複しています。

ですから、ここに述べたユダヤ人の歴史として述べた事柄のかなりの部分はアラブ人の歴史と共通であり、恐らくそれは明確には分離できない関係にあると理解すべきです。ただし、イエスはユダヤ人を対象に説くことを明言しています。そして、それに対応するようにムハンマドはアラブ人を対象に説いています。

そして、ガブリエルが係わらない、バチカンによる偽キリスト教が生まれた瞬間から、たった二百年ほど遅れてムハンマドが生まれてくるということは、偽キリスト教の行く末が見えたからであり、これがガブリエルの意志によることは明らかです。

イエスとムハンマドに係わるガブリエルの方針としては、イエスとムハンマドを同じ主旨を持って、偽キリスト教を挟んで六百年の時間差を持って地上に送り込んだと言えると思います。

即ち、ムハンマドの興したイスラム教は決してイエスの興した原始キリスト教に対抗しているのではなく、ローマ帝国が興した偽キリスト教に対抗して、それを批判している事が重要なのです。

以下のように纏めます。

それは即ち、イエスの教えを歪めてしまったバチカン由来の偽キリスト教を修正する目的で、ガブリエルが時間差で送り込んだのがムハンマドであり、イエスを本来の立場に戻そうとする為の宗教がイスラム教である、という流れが見えてきます。

一神教が必ずしも一元論ではない

さて、この書の中で曖昧にしてきた重要な点が一つあります。やっとそれが書ける段階に来ました。

それは「唯一の神」を説いていると言うだけでは、それは一神教とは言えないということです。「唯一の神」は何処かの宗教に所属する神ではありません。

「唯一の神」が一元論であるためには、宗教を超えて全ての価値を包含するほどの存在であり、私達人類が近未来に潜在的に求めているのは他を排除する一神教ではなく、他を包含する程の、この一元論であるのです。

ですから、最も狭く構えた過去の一神教は名ばかりの間違った一神教です。ただし、地域限定、民族限定という限定条件付きであるならば、狭い意味の一神教が説かれることが制限付きで許されます。

しかしそれはあくまで暫定的であり、それを世界に展開することは厳格に禁じられています。

真の一神教は二元論であり、他の全てをその内に含みます。ですから短絡的に「一神教だから一元論である」と考えてはならないのです。そして今、時代は宇宙人を含めての世界観を構築しなければならない時なのであり、最も普遍的な世界観を人類は求めていると言えるのです。そしてそのためにこそ、現代から未来に掛けては最も普遍的な、最も包含的な一元論を確立しなければならない時代なのです。

さてそこでですが、価値体系が正しく一元論であるためには、その中で説かれる「唯一の神」が働きの限定を意味する「個性」を持っていてはならないということが重要です。「唯一の神」が個性を持った途端に、それは絶対普遍の神では無くなります。

言い換えれば、名前を付けて呼んだ時点から、それは一元論ではなくなるということです。私は著書『人間やりなおし』（献文舎）では、敢えて普遍的に表現するために、それを《　　》と表記しました。

一元論であるためには、それほど厳密なことなのです。しかし、これでは声に出して説明できませんから、その真実を正しく知った上でなら、それをヤハウエと呼んでも良いし、アラーと呼んでも良いと言えます。それが正しく宇宙の中心であるならば同じ意味ですが、それが正しく価値体系の中心であるならば、宗教に依らず、誰が何処で説いてもそれは同じ一元論なのです。

その意味で、「唯一の神」を説いていても、その「唯一の神」が個性を持ったり、モノを言ったりするのでは、それは一元論ではないのです。

般若心経では、それを『空』と呼称しました。もともと文字で表すことの出来ない『実在』を、もし文字で表すならば、『空』という表記はなかなか適切であると私は思っています。そしてここで重要な点は、多神教であっても、その中心に『空』が存在するのであれば、「それは一元論である」と言えることになります。むしろ『空』の存在が確認できれば、多神教の方が複数の個性の神で宇宙全体を表し、その全ての神を包括的に捉えるので排他的にならず、普遍的であり、それは正に一元論であると言えます。

結論として、原理上では空の概念を「唯一の神」とする一神教と、『空』の概念を持つ多神教との間には全く違いは無いと言えるのです。反対に、一神教だと名のっても「唯一の神」が個性を持ったり、或いは排他的になったり、『空』の概念に反してしまえば、それは一元論とは言えません。

ですから「唯一の神」と同時に、天使として神に近い複数の存在を説くならば、それは『空』の下の多神教と何も変わらないことになります。そして、最終的に全ての価値は、そして全ての宗教は、『空』の概念を取り戻し、普遍性を回復して、一元論に統合されるのです。

そして全ての善悪二元論は一元論に統合されるのです。そして一元論とは宗教には全く関係なく何処で誰が覚醒してもそれは同じ価値体系同じ宇宙でなければならないのです。言い換えれば誰が何処で覚醒しても最終的に色合いの個性は残したまま同じフラクタル共鳴に統合されていくのです。

その時二元論は従来の姿から一段進化し、全体という一元論の一部に位置づけられ、自らその位置を知ることで全体と調和し、そこに自らの働きを他の善悪二元論と本質的に対立することなく、他の善悪二元論との調和した関係を保って一元論の一部に同化し、進化し続けることになります。

グノーシス派の理解を吟味し、一元論を検討する

『般若心経の普遍的な世界観』から、『空』とは基本三特質を有した存在でした。言い換えれば『空』からそれぞれの個性を持つ複数の人格が分かれてくる、生命の根源と言える存在なのです。

この『般若心経の普遍的な世界観』から、モーゼと「唯一の神」の関係について明記しておきます。

モーゼがシナイ山に登って直接会った神に対して、モーゼが名前を問うと、「私はヤハウエ、有りて有るもの」即ち「存在の中の全て、唯一の神である」と答えたと伝承されています。結論から言うと、先の説明のように「唯一の神」が言葉を話すことには無理があります。

そして一方で、ヤハウエは「自分は嫉妬《しっと》深い神だ」とも発言していますから、これではとても信仰の対象となる「唯一の神」の発言とは考えられません。これを見る限り、ヤハウエはとても「唯一の神」とは言えません。これでは人々に混乱を与えてしまいます。ですからこの件に関しては、もっと説明する必要がありそうです。

このように、ヤハウエの発言にはユダヤ人限定という条件が背後にあるために、「唯一の神」らしき発言もあるし、同時に「神」らしからぬ不完全な表現があり、大きな矛盾が発生して、普遍性が大きく失われています。

実はこの件はグノーシス派が問題にしている点であり、このような発言をするヤハウエは「唯一の神」ではないと彼らは主張しています。私としても、グノーシス派がヤハウエは「唯一の神」ではない、とする見解に十分に納得できます。結局グノーシス派はこの件を含め、神と悪魔の対立を説くキリスト教を善悪二元論と見なします。

そしてこれは実にまともな考えです。グノーシス派の人達は旧約聖書もローマの権威も怖れない、かなり深い洞察力の持ち主だと思われます。

そこからグノーシス派はヤハウエを「唯一の神」とすることを否定し、従って一元論を否定し、善悪二元論に徹する事になります。

それであっても私は、私が直接コンタクトしたイエスへの理解から、当時のイエスの発言は善悪二元論的で有りますが、しかしながら私の中に居るイエスがそうであるように、その発言の背景には常に一元論が隠されているのだと確信しています。

そこで、イエスの気持ちを代弁しつつ私の見解を述べれば、イエスはこの時代にこの民衆に対して一元論を説くのは時期尚早と判断し、それは二千年待つこととしたこと。そこでここは、ヤハウエを「唯一の神」として、一応二元論の姿を取りつつ、しかしその内容はやはりグノーシス派の言うように、善と悪の対立神と悪魔の対立の構図の中に生きる道を、善悪二元論として示したとするのが正しい見解だと思います。

※　神と悪魔の対立する善悪二元論では価値を二つに切り分け、神は善、悪魔は悪、という大分類によって、現れた事象を神由来のモノか、悪魔由来のモノかの識別を常に強いられています。それは無意識の中に成されます。そしてそれは同じ事象であっても、人により判断が分か

れます。そして自らは善、相手は悪という構図を創ろうとして人は戦います。ここに心の安らぎはないのです。

一方、一元論は事象を全て全肯定の世界に至る経緯と捉えていますから、そこに悪と見える問題点があっても、それを自己正当化しないで、それを悪として、正しく位置づけることで、それを一元論に至る過程として、必要な工程として、肯定的に捉えることができるのです。

そして更に進化すれば、今ここに有る悪と見えることであっても、それを全肯定の世界の中で、正しく悪と位置づけられさえすれば、その存在は許されるところまで、到達します。この修行のプロセスを私は「自明行」として、世に出しました。

自明行によって到達する世界は全肯定の世界であり、そこには真の心の安らぎが存在しています。

ただし、何度も言うように、一元論にまで到達する過程には、様々な自己正当化の誘惑を乗り越えなければならず、それに失敗すれば偽善者を創り上げてしまいます。しかしもし、自己流でやってしまうと、成功率は一割以下であり、九割の偽善者を作ってしまいます。

ここで私は、しっかり教育機関を作って自明行のための基礎をしっかり積み上げることが重要と思っていて、著者は、そのための組織を作っています。やがてそれを一般化してカリキュラムを開拓して、普遍的なモノに仕上げたいと思っています。

ここは最重要な箇所なので、以下にグノーシス派の視点をさらに吟味しながら、善悪二元論と二元論についてさらに議論を深めておきたいと思います。

【知的生命体X】とモーゼとの契約

さて、部分についていろいろ述べてきましたが、ここにやっと詳しくヤハウエについて、さらにモーゼとの契約について説明する段階に来ました。

般若心経の『空』に対応するヤハウエは決して目には見えないし、言葉を発するわけはないことを知らなければなりません。

従って、あのシナイ山でモーゼは決してヤハウエと直接会って話した訳ではないと私は強く言い切らなければなりません。

当時地球に係わる知的生命体は何種族も存在しましたが、その中の一つの種族、【知的生命体X】がユダヤ人に直接関わっているのです。

つまり、モーゼが直接会って話したのはヤハウエではなく、その場には【知的生命体X】の代表ガブリエルが同席していたのです。どの資料にもこの場面でガブリエルは一切登場してきませんが、それには理由があるのです。

このことに限らず、私はこの書の執筆において正統派の歴史を無視しています。私にしてみれば、正統派の歴史には強烈な呪縛があり、フラクタル共鳴とは正反対の反共鳴となり、読むことがとても苦痛です。そこで、私の語る関連の歴史はフラクタル共鳴の中で無理なく伝わってくるままに、それを私が受け取ったままに書くことにしています。

さて、そのスタンスで言えば、ガブリエルはこれまでユダヤ人に係わってユダヤ人を育ててきた知的生命体グループのリーダーなのです。モーゼにヤハウエの存在を伝えるこの場面では、ガブリエルはヤハウエのメッセンジャーに徹しているので敢えて通訳に徹して自らの名を語らないことにしたのでした。従って、ここにガブリエルの名を記録には残さなかったのです。

しかしその一方で、ガブリエルはメッセンジャーとしてではなく、自らの意志で「唯一の神」・ヤハウエの許可の下に地球に来ていることをモーゼに示し、そしてさらにガブリエルはユダヤ人の代表のモーゼに自分たち【知的生命体X】が今後もユダヤ人に係わる目的と方針を示し、その約束を契約という形で残したのです。その約束の儀式のために、ガブリエルはモーゼをシナイ山に導き、モーゼにその後のユダヤ人の直接の指導を託したのです。

この結果、「唯一の神」とユダヤ人にとっての神と、どちらも同じヤハウエとして扱うことになり、その後の歴史上で様々な混乱を生じることになりました。

もっと具体的に解説すれば、［知的生命体X］はこれまで何度も地球を訪れ、長期間地球人に係わり、遺伝子操作をしてユダヤ人の遺伝子改造をしてきましたが、今後もその経過を観察しながら長期間ユダヤ人に係わり続ける事をモーゼに伝えたのです。

そしてその事を「神との契約」として、モーゼに記録させたのです。

繰り返しになりますが、ここで［知的生命体X］はモーゼに対して「唯一の神」としてヤハウエの名を出しますが、ヤハウエは何も言いませんし、姿も見えません。

つまり、この場面の意味することは、［知的生命体X］は「唯一の神」（ヤハウエ）を自らの世界の中心に置いている、そのような世界観をもっている知的生命体であることになります。これはとても重要なことです。

ヤハウエは［知的生命体X］が認める「唯一の神」ですから、その「唯一の神」の前で［知的生命体X］を代表するガブリエルと、ユダヤ人を代表するモーゼとの間で契約を交わしたことになります。

この儀式の最中にガブリエルがモーゼに対して、ヤハウエの存在を「有りて有るモノ」と翻訳したことは見事と言わざるを得ません。正に、この翻訳はヤハウエは『空』そのもの『実在』であることを意味しています。必然的にガブリエルはモーゼに対して自らの世界観を示し、自分たちの神はヤハウエで有ることを示し、ヤハウエは『実在』で有ることを告げたのです。そしてモーゼに対しても、自分達と同じように「ヤハウエと仮に名付けた「唯一の神」、つまり『実在』を知りなさい」と言っていることになります。

この契約条項の中には、〔知的生命体X〕が今後もユダヤ人を指導し、（遺伝子改良しつつ）守ること、ユダヤ人側としてはその子孫まで含む様々な行動規範の取り決めをしたことになります。しかしながら、この契約関係を全ての人類に拡張することは明らかに無理なことなのであり、敢えてユダヤ人限定としたことに深い意味が隠されていたのです。その限定条件が後の歴史で無視されてしまい、その結果歴史の流れと共に非ユダヤ人の中に多くの矛盾を蓄積することになってしまい、現代に至ります。

この〔知的生命体X〕は、これまで人間の遺伝子操作をしてアダムとイブを創り、その後アブラハムにも係わって、ユダヤ人を遺伝子工学的に創り上げてきたのでした。だからこそ、『我々（〔知的生命体X〕）は我々が係わったユダヤ人を対象に、我々の遺伝子操作の影響下にあるユダヤ人だけを限定指導し、今後も導くのです。』と、モーゼに伝えている場面なのです。

そこで次は、「私は嫉妬深い神である」との発言についてです。これはヤハウエの言葉ではなく、「知的生命体Ｘ」がユダヤ人を今後指導するために必要な方針として語った言葉なのです。これは決して嫉妬という感情の問題ではなく、どこまでもユダヤ人に対する遺伝子工学的な意味と、ユダヤ人を統治する手法の意味を持つ発言なのです。

即ち、「知的生命体Ｘ」は今後も長期間、先の遺伝子操作の経過を観察するためにユダヤ人の血統を維持する必要があり、そのために『あなた方ユダヤ人はヤハウエ以外の「神」を信じてはいけないし、ユダヤ人の男性は異邦人の女に口をきいてはならない』、つまり『異教徒と結婚してはいけない』と釘を刺したのです。そして、今後の指導の方針と信仰の条件を示し、さらに遺伝子工学上の理由で異教徒との混血を避けたのです。勿論、そんな事を「唯一の神」・ヤハウエが言う筈はないのです。

グノーシス派はそこまで見抜いて、「ヤハウエの名を語る神は言葉を話し、目に見えることから、それは「唯一の神」ではないと断定し、しかも神と悪魔の対立の構図を説くことから」これは一元論ではなく善悪二元論だと主張するわけです。

このグノーシス派の見解は当然のこととして理解できますが、これは何度も私が説明しているように、「知的生命体Ｘ」としては「その目的と方針をこの契約の言葉の中に秘めているのだ」と言う事が私にはよく理解できます。これは勝手にやっているのではなく、〔知的生命体X〕の信じる世界観の中の「唯一の神」・ヤハウエの許可の下の活動なのだと言っているのです。

言い換えれば、一元論的に合法的である事を示すために、目には見えない言葉も発しない「唯一の神」・ヤハウエの許可を得てここに来て活動していることを、ヤハウエの名を借りて、そうモーゼに伝えているのです。この事があるから、現代に於いて、私が一元論に結合できるのです。

彼らが『般若心経の普遍的な世界観』を体得しているほどの高度な〔知的生命体X〕なのであれば、それはそれで良いと私は考えます。

この〔知的生命体X〕は自分達の目的と方針をモーゼに伝え、同時に「唯一の神」の存在をモーゼに伝えている事になります。この事から、〔知的生命体X〕の持つ世界観は一元論であると理解できます。しかし、モーゼに係わった〔知的生命体X〕が一元論の世界観であったとしても、それだけでもって契約に基づくユダヤ人の信仰の形、さらにはイエスの説いた信仰の形が一元論であることには成りません。

この場面では、〔知的生命体X〕は一方では「唯一の神」・ヤハウエの立場であり、メッセンジャーに徹して自らの立場を控えて、「私はヤハウエ、有りて有るもの」即ち「存在の中の全て、唯一の神である」と語ったのであり、ヤハウエの代理として、そう語った点に限っては正しい回答になります。

そして他方では「知的生命体X」はユダヤの民族の神として、遺伝子工学上の立場からその目的を遂行するために、「私は嫉妬深い神だ」と伝えて、ユダヤ人は自分の命令に従うようにモーゼに伝えたのです。

「唯一の神」と「民族の神」を同じヤハウエとした事で、その間に距離がなくなり単純化されて理解しやすくなったのですが、当然の事ながら、そこには表現上の不正確さが存在しているために、将来の矛盾点が埋め込まれてしまいました。

重要なことなので、「将来矛盾を生み出すであろう不正確さ」を以下に説明しておきます。

一神教を掲げる以上、神として説けるのはヤハウエという「唯一の神」だけであり、実質的に「民族の神」としての役割を果たそうとするガブリエル及び知的生命体（X）をヤハウエと一体化して説くことにして、別に切り離して「神」として説くことは出来なかった訳です。そしてガブリエルはいつも背後にいて、モーゼを指導し、イエスを動かし、後の時代にはムハンマドを教育することになったのです。

結局、知的生命体（X）という概念を持ち込まずに、「唯一の神」と「民族の神」を同じヤハウエとしてユダヤ人に伝えたわけなのです。

或いは、もし「唯一の神」の他に「民族の神」を説くとするなら、他の民族の神も認めることになり、結果的に多神教になってしまうのです。

しかし、先に述べたように多神教になっても勿論それでも良いのですが、初めから『空』の概念を持ち込むのは早すぎるし、宇宙の構図も複雑になり、神が相対的にならないようにここは熟慮の上、敢えて一神教に徹して「唯一の神」にしたと考えられます。

この矛盾点を最小限にするためにも、これは契約までして、地域限定、ユダヤ人限定にしなければならなかったのです。その範囲を拡大してはならないのです。

そして勿論、イエスはその事を知っていますから、地域限定、ユダヤ人限定の信仰の制限に従い、ユダヤ人向けの論理を組み立て、ユダヤ人だけに道を説いたわけです。あの「カナンの女」にはこのような奥深い背景があったのです。

当然モーゼは［知的生命体X］の目的と方針を理解していました。そこでモーゼは全てを理解した上で民衆への説明が複雑にならないように、民衆には単純化して、血統を守るために「ヤハウエは嫉妬深い神だ」と伝えたのです。

信仰の範囲をユダヤ人に限定して、民族の血統を守るという条件を満たすためであれば、そのような言い方も十分に効果があったのだと言えます。

民衆をユダヤ人だけに限定すれば、民族の神も宇宙の神も、どちらも同じであったとしても、これで大きな矛盾は発生しません。

しかし、指示された限定の範囲を超えてしまうと、一気に矛盾が吹き出てきて、普遍性など一気に吹っ飛んでしまい、回復不可能な破滅的な混乱が生じて収拾がつかなくなってしまうのです。そして、現代のキリスト教がその状態である事は、皆さんも既によく理解している事と思います。

善悪二元論から一元論へ

ですから、グノーシス派がここに疑問を持った事は当然であり、よくぞそれこそが『真理の根本問題である』として捉えたものだ、と私は大いに評価します。そして般若心経が解読される以前に、その矛盾を説明できる人はいなかったのだと言えます。

さらに、グノーシス派が徹底して善悪二元論を主張したことの裏には、もう一つの旧約聖書の困難で複雑な問題が隠れています。

それは神と悪魔の対立の構図であり、それはそのまま新約聖書にも引き継がれています。

知的生命体は地球に来訪して地球上で様々な組織的な活動をしています。それらを示す証拠は旧約聖書以外にも、他の地域の伝承にも沢山あります。古代遺跡にもその証拠は沢山あります。

そして彼らの一部は地球人との混血、或いは遺伝子操作により子孫を残しましたから、知的生命体と地球人との交配の証拠は我々人類の遺伝子の中にも有ると言えるのです。


遺伝子操作では明らかな失敗もあったようです。そして、地球で活動する知的生命体の活動が、地球に送り込んだ本国側（本惑星側）の方針に沿わなかったことも多々あったようです。そして更に、地球に残留する者まで現れてしまいました。

しかしながら一方では、残留した者達は地球人に医学、天文学、化学、建築学、金属加工技術等の様々な技術と知恵を授け、自らの遺伝子を残し、地球人の遺伝子改良や地球人の文化や文明に大きく貢献したのでした。

ところが、残念なことに彼らの活動の一部は本国（本惑星）の活動方針に反して罪を犯してしまい、本国（本惑星）から罰せられる者が出てきてしまいました。

そして地球を来訪した現地司令官から、現地人である地球人に対し、「地球人は彼らを悪魔と呼ぶように」と彼らの指導者から指導された訳なのです。

そしてここに悪魔の発想が生まれ、やがて創られたその悪魔のイメージだけが一人歩きしていきました。

実は、地球に係わった神としての知的生命体達と、悪魔としての反乱分子と言われる知的生命体達の対立の構図が「神と悪魔」の対立という構図として、地球人の歴史に刻み込まれたのです。

それはちょうど地球における大航海時代の本国と植民地との間で起こった出来事に対応していて、想像に難くない十分に有り得る出来事と言えるでしょう。

グノーシス派はこのような背景を知っていたか否かは分かりませんが、「神と悪魔の対立」を基本とする価値体系を作ってしまった旧約聖書と、それをそのまま継承しているキリスト教を、一元論とは形ばかりで「実質的には善悪二元論である」と断定したことは仕方が無いし、或る意味当然と言えます。

それは即ち、真の意味で一元論であるためには、ただ「唯一の神」を説いただけでは成り立たないと言えるのです。これだけでは普遍性を確保できないのです。

それは、他に別の「唯一の神」を説く宗教が現れれば、互いに絶対を主張しながら対立し、実質相対的になり、永遠の対立を展開するという矛盾を発生してしまいます。これでは一元論とは言えないのです。

さらに当然ですが、一元論であろうとして、二元論を否定しただけでもまったく不十分です。一元論であるためには、般若心経に説かれているように『実在』が明らかになることで初めて一元論が成立します。世界が一元論であるためには『空』という名も付けようのない、絶対普遍の存在が、即ち『実在』が、価値体系の中心になければなりません。『実在』とは神でなく、神をも存在たらしめている超越的な存在、即ち『実在』であり、完全性・絶対性・普遍性の大原則を内包する『空』、即ち『実在』なのです。

ですから、もしそれを「○○の神」と呼んでしまえば、たちまち意味は限定され、普遍性が失われてしまいます。しかしそこでですが、この真実を正しく知っての上でならば、たとえ『実在』に名が付いたとしても、それは許されます。

この書では地球を訪れた知的生命体の存在を示しましたが、歴史の中ではその知的生命体を「神」と誤解してしまった経緯が確かにありました。このままではどこまで行ってもそれが真実では有り得ません。ところが、この誤解のままであっても宗教の教義は構築可能であり、それなりの世界観を作ることが出来ます。しかしそれは真実ではありませんから、いずれ神と神の対立に発展します。

それに関して私が気にしていることが一つあります。現代になってかなりの史実が明らかになり、「神が宇宙人であった」ことが明らかになり、そこから大きく反対に振れて、「全てを神のせい」から「全てを宇宙人のせい」にした神無き世界の、無神論的な価値観が生まれつつあります。これは大変危険なことなのです。

そしてそれでは絶対に一元論にはなり得ないのです。『実在』を認めるか、認めないか、この違いが決定的な違いになります。

世界を普遍的に説明する必要がある時には、ここに私が示したような『般若心経の普遍的な世界観』に立った補足説明が必要となります。そうする事が私の役目でもあります。そしてこの世界観は真の意味で一元論であるからこそ、近未来の人類の恒久平和を成り立たせる価値体系となり得るのです。

そして今、人類に対してこの事を説明する時には、この宇宙の構図と「知的生命体」の存在と、その目的と方針を正しく説明し、『般若心経の普遍的な世界観』の下に位置づけておく必要があるために、私はここにこの事を多少詳しく補足したのです。

地域限定、目的限定だから、何とか普遍性を保つ事ができる

話は多少複雑になりましたが、ここが分かれば全てが理解できます。

ここでどうしても『般若心経の普遍的な世界観』を体得した私から、さらに補足しておきたい事があります。

それは、ここに示したようにキリスト教の前身となるユダヤ教は地域限定、民族限定で発祥した宗教であるために、ユダヤ民族の内部だけで閉じていて、その世界観はユダヤ人のためのものであり、この教えを世界に拡張するための条件は整えられていません。

ユダヤ人に限定して「神」（知的生命体）が係わり、「神」が直接関与するためのルールを決め、行動の詳細を決めて契約をしたわけです。そして時々奇跡を起こして人々の信仰心を保ちつつ、契約に従わせたと言えます。これは明らかに「統治の論理」です。

当時のユダヤ人に対してはそれが必要だという「知的生命体X」の判断が有ったのであり、その判断を、私はユダヤ人限定、地域限定の条件付きでなら、正当なものと高く評価したいと思います。

さらに、旧約聖書の神々（「知的生命体X」）がその後のユダヤ人を継続観察して行く中で、当然この「統治の論理」だけではユダヤ人を窮屈にしてしまい、精神的に不自由にしてしまうと知っていた

筈です。

それ故に、「知的生命体X」はその時機が来たとの判断により、彼らの前にイエスを送り込み、「救われの論理」を説く事で厳しい「統治の論理」と精神の解放を目的とした「救われの論理」をバランス良く説く事にしたのです。

それは生命の精神性の進化の過程として当然の対応と言えます。

「統治の論理」が地域限定である以上、当然「救われの論理」も地域限定、民族限定の論理が中心と成らざるを得ません。

しかし、私から見れば、その「救われの論理」の表現された表現の一つ奥には普遍の真理が見えています。

そもそも、それが地域限定の論理として説かれたことから、それをそのまま人類に拡張してしまえば原理的に普遍性を確保できませんから、非ユダヤ人地域に拡散したキリスト教は原理的に全てに対応しきれません。

しかも、普遍性をさらに大きく失う方向に改ざんを積み重ねてきたのですから、既に限界を超えています。そのために、歴史解釈に強引な屁理屈が必要になり、改ざんに改ざんを継ぐキリスト教に成ってしまいました。

それが故に、世の中はかなり混乱してしまった事はご承知の通りです。もうこれ以上、屁理屈や改ざんを積み上げる事は止めにしましょう。

各民族の特性が一元論に統合される

ところで、善悪二元論は原理的に複数存在できる価値体系ですから、それが属人化されていても地域限定である内は大きな問題は生じませんが、それでも少しずつ矛盾は蓄積していきます。

一方で、理念や方針は個性によって民族や地域で共有されますから、理念や方針を表現する手段としての属人化は部分の働きとしては有効なのです。しかし、その理念の生まれる根源に有るモノは普遍の世界観でなければならず、これは属人化されません。それを私は仮に『般若心経の普遍的な世界観』と表現しています。

繰り返しになりますが、その普遍の真理を「私の到達した世界観」と表現しても全く良いのですが、敢えて属人化を避けるために、私は敢えて『般若心経の普遍的な世界観』と言っているのです。

特に、一元論に統合される以前の善悪二元論である内は「統治の論理」と「救われの論理」との間で様々な軋轢《あつれき》が発生します。

さらにそれが地域限定である事から、他の地域の善悪二元論と軋轢を生じ、対立さえ生じます。

それを元に戻すためには、『般若心経の普遍的な世界観』の中の一元論の中に統合して位置づける以外にないのです。

もし、他に方法があるというならそれでも全く良いのですが、『般若心経の普遍的な世界観』は最も普遍的に構築されているので、この矛盾を吸収する事が出来ると私は言い続けます。

※　以下の段落で示した部分は般若心経の詳細説明となるため、本書の読者に無理に理解を求めません。

般若心経から解釈をする

既に明らかにしたように、人類は宇宙人によって遺伝子操作されて進化した存在であることが分かれば、人生観は変わらざるをえません。その点を「宇宙と人間」の根源にまで戻って多少説明しておきましょう。こういう問題は既に前編で述べたように、色即是空・空即是色を説き、『実在』と「非実在」を説く「私の到達した世界観」まで遡らないと解決できないのです。

『実在』と「非実在」の二種類の色が存在していて、『実在』の『色』こそ『真の自分』で、その「容れ物」としての「色」、つまり「「非実在」の自分」を動かしています。これは極めて単純化した説明ですが、実際はここに多次元多層構造の精神構造が存在していて、一番上が『実在』に直結する精神で、一番下が「肉体」に直結する精神です。

そしてその中間には複数の精神階層が存在し、人間はその多次元多層構造を上がったり下がったりして生命活動を営んでいる、そういう存在です。

そして実は、忘れてはならない最も本質を言えば、「非実在」と言えど、それは『実在』の一断面の更に一部分を見ているだけなのであり、宇宙には『実在』しか存在していません。全肯定されているということです。しかし、議論は常に「非実在」側から成されるので、複雑に見えるのです。これ以降も「非実在」側から、そして時々は『実在』側からの視点を入れて、話を続けます。

遺伝子操作されたのは「色」「受想行識」なのであって、人間の本質の『色』『受想行識』は遺伝子操作によって、変更を加えることが出来ません。

『色』『受想行識』と「色」「受想行識」との間は、概略十二階層の多層構造になっていますが、肉体側二層までは影響を受けて、分析力や認識力や、それらの組合せの判断力が、改善されると考えられています。

ここで宇宙の構造を詳しく説明する紙面はないので、是非『未完成だった般若心経』（献文舎）を読んでください。

ですから、現代人には受け入れがたいことかも知れませんが、遺伝子操作されている以上、肉体側の機能はそれぞれであり、世界中の人種や、様々な民族とその血統が、皆平等であるということはありません。平等でなくて良いと考えるべきです。

それぞれに得意不得意がありますが、『真の自分』としての『色』『受想行識』は、遺伝子操作には全く影響されません。

しかし『色』『受想行識』の働きによって、適合する「色」「受想行識」があります。

これを比喩で言うならば、運転者『色』『受想行識』は、様々な車両「色」「受想行識」を運転しますが、適不適、得意不得意があります。つまり、バス、トラック、重機、乗用車、スポーツカー等々、それぞれの特徴が有り、馬力、スピード、居住性、加速性能、登坂性能、回転性能、積載総重量等々の機能とそのバランスで特徴を出しているのです。

歴史的には、民族は文化を継承するために、血統を重んじてきましたが、それも確かに意味があります。しかし、重要なことは、獲得した多次元多層構造全体としての精神構造は、それは、後の教育や修行によって、後天的に、誰もが獲得可能な機能なのです。

重要なのは、その精神性なのであって、肉体の機能には関係なく、フラクタル共鳴による上下があり、上下間では、差別化されます。それは区別ではなく差別です。例えば、歴史まで歪めて強引な解釈をして、声高に被害者意識を強調し、敵を作ることでしか内部の秩序を保てない民族文化は、反共鳴となりフラクタル共鳴にとっての異物と成ります。従って二元論の世界に到達できずに崩壊します。この異物は「自分はこれからも被害者であり続けたい」との強い思いを主張していることになり、「思い通りに成る宇宙の法則」はその主張を実現させ、がん細胞を増殖させ、自らを死に至らしめます。ですから、たとえ被害者であっても、被害者意識で生きる民族文化には、未来はないのです。

フラクタル共鳴とは、『実在』という『中心核』の周りに、多次元にフラクタルに変化変容する波動でありわます。そして、そのフラクタル共鳴の活動が宇宙の生命活動であり、それが作る価値体系を一元論と言うのでした。ここまで来て、フラクタル共鳴、二元論、善悪二元論の関係性が、かなり理解できたのではないでしょうか。

さてここで、変化変容するフラクタル共鳴の一瞬の断面を、敢えて固定的に捉えることで、生命活動の過去の経緯を見ることができます。

それは、宇宙規模の生命活動を俯瞰して見ることを意味しますが、そこには過去の生命の進化の経緯も痕跡として、含まれていて、そこには確かに弱肉強食による淘汰を経験して、生物の進化が成されてきた痕跡を見ることが出来ます。

ここで、弱肉強食による淘汰とは、肉体的要素であり、物質的要素であり、人類が社会を作るようになってからは、経済的要素であり、科学技術の要素であり、そしてそれを手段とした戦いの要素であり、そこにおいては確かに弱肉強食の淘汰の歴史の痕跡を見ることが出来ます。断片的に、短期的に見れば、その様に見えるのです。

一方、精神要素の進化を見れば、自己中心、独善、自己正当化、被害者意識という、「嘘」によって作られた精神性は、一瞬その場を支配することがありますが、俯瞰した世界としてみれば、それらは最終的に淘汰されていきます。その淘汰の方向はより普遍的な精神に向かって、「じねん」に選別されて、最後まで残っていきます。それは不思議な作用に見えます。その作用については後述します。

これが真の意味での生命活動の進化です。そしてこれが、一元論に統合されていく過程と見えます。実はこの過程には、守護の神霊が深く係わっていて、正しい淘汰と進化が成されるように、フラクタル共鳴の方向を「じねん」の法則によって、調整しているのが分かります。

その守護の神霊の「じねん」の力を受けてフラクタル共鳴を強めていくためには、人間自身の強い欲求が必要です。その欲求がなければ、守護の神霊はそれを応援できません。出来ないと言うより、それをしないのです。「望むことを与える」のが守護の神霊の指導方針なのであり、人間から見れば「望むモノが与えられる」であり、これは「自由」よりも高次の概念であり、全宇宙的な原理です。

例えば、独善を願う人に、普遍性を与える事はしないのです。それは本人の望まないことだからです。そして、普遍性を求めれば、つまり一元論を求めれば、守護の神霊は人間を一元論にまで導くのです。

守護の神霊と書きましたが、我々が他者を導くときにも、自然にこの原理に従っています。そして進化した宇宙人が人類を導く時にも、この「じねん」の原理に従っているのです。そして、この指導の原理と作用を「じねん」と言います。

人間は、自らの精神をフラクタル共鳴に同調しつつ、高い精神性を求めながら、常に生命活動を進化させることが必要であり、もしそれを怠れば、忽ち弱肉強食の世界に戻っていきます。

本質的には「人間とは、様々な経験とその体験から学ぶことによってのみ、進化する。」と言えます。ここで、進化とは、様々な体験を昇華して『実在』に到達し、その状態でフラクタル共鳴の質と量を進化させ、そのパワーを増加させて、『実在』の自分に帰還することを意味します。そして『実在』に到達していないベクトルは部分の共鳴であり、これから『実在』に向かう過程にあり、未だ部分限定のベクトルの勢力が強い状態にあるのです。

現代の地球人類を見れば、他民族が獲得した様々な機能や能力はコミュニケーション能力によって他者に伝えて学習によって習得できるので、特に肉体の運動機能そのものを除いて血統はあまり意味がなくなってきています。

しかし、今後宇宙人との交流が始まれば、宇宙人との間には血統、つまり遺伝子改良の経緯という地球の歴史と同じ事が起きてきて、宇宙人とは肉体に近いところの精神と機能には差があっても、結果を共有して共に進化していくことが出来るのです。

人間が生命活動を営む中で、進化の上で獲得すべき最も重要な精神とは、宇宙と一体化し、その宇宙をこの地上に投影することです。そして同時に、宇宙に帰還することです。それを私はフラクタル共鳴と定義しました。フラクタル共鳴は遺伝子改良では獲得できません。それは修行によって、即ち、自らそれを強く求めて、多次元多層構造の精神を体験し、その中に深く入る事を習得しなければならないのです。宇宙と共鳴するこの世界は、私が修行の中で獲得したフラクタル共鳴であり、それを人類に普及することこそ、私の役割であります。

キリスト教とイスラム教との対称性と共通性

ところで話は戻り、シナイ山でモーゼに接した〔知的生命体X〕はガブリエルであり、ガブリエルはヤハウエのメッセンジャーとして接したと先に書きました。

一方、イスラム教でのアラーはアラーが直接ムハンマドにものを言う形は取らず、[知的生命体X]としてのジブリール(ガブリエル) が自らの名を正面に出してムハンマドに直接語っていろいろの指導をしています。

これも、シナイ山での出来事の体験とキリスト教においての地域限定が外された「神の子」とされてしまったことの経験が、イスラム教に生かされています。その点について述べてみましょう。

イスラム教においては、ガブリエルからムハンマドへの約束や指導の言葉をヤハウエ (アラー) に語らせるのではなく、ムハンマド自身がガブリエル (ジブリール) から聴いた言葉として語るようにして、現実によく適合するようにしてあります。

確かに、こちらの方が誤解を招く危険は少ないでしょう。

また両者の対称性と共通性として見落としてならないのは、バチカンのキリスト教ではイエスはついに「人類でただ一人の神の子」に成ってしまいましたが、ムハンマドは敢えて自分自身は「人間」である事を慎み深く宣言し、それを前面に出していることです。

この宣言は重大で、これは『般若心経の普遍的な世界観』から見ても、人間は『空』に通じる存在であり、人間は本質的には神であることから、神でも人間でもどちらの表現でも正しいのです。

イエスもアブラハムも含めて、我々「人」の全てを人間と呼ぶのなら、「人」は人間ですし、「神」と呼ぶなら我々「人」は皆「神」なのです。

ガブリエルがイスラム教を興す時には、既にキリスト教の中でイエスは「宇宙人の子」として「神の子」扱いされているという背景があります。

そこで、ガブリエルはイスラム教をバチカン由来のキリスト教の間違いを正す目的で興していますから、イスラム教を興す時にはムハンマドを人間として示し、実際ムハンマドは宇宙人の子ではなく、イエスも同じ「人間」なのだと伝えたいのだと思います。

そして知的生命体（X）であるガブリエルは、「唯一の神」を人間の姿、或いは宇宙人の姿として描かないように偶像を禁止したのです。

私がこれらのことから考えるに、古代人は宇宙人を神として崇め、宇宙人を信仰の対象として神殿を建てることをしましたが、ガブリエルとしては当時はそれで良いとしても、時代が過ぎると共に人類が正しくこの神と宇宙人と人間との関係を理解できるように、或いはそこに矛盾を起こさないように、との工夫をして、その説き方を進化させていると感じます。

一見、独善的にみえる行動も言葉も、今この時代において、この私が残されたガブリエルの行動と言葉から、そこまで普遍性を読み解けるように成っていることは驚くべき事だと思います。ガブリエルは、時が来るまでは地域限定、民族限定で範囲を絞り、かなり慎重に熟慮に熟慮を重ねた上で地球人に接触していると感じます。

ガブリエルは、今こそその時であるとして、この普遍的な世界観を一気に世界に広げることを私に託しているのです。

『般若心経の普遍的な世界観』から言えることは、イエスに限らず、ムハンマドに限らず、そもそも人間とはフラクタル共鳴体なのです。当然、この私もフラクタル共鳴体であり、イエスとのフラクタル共鳴を保ってこの書を書いているのです。

モーゼとイエス、そしてムハンマドとその全てに係わったガブリエルは、「唯一の神」の意志を伝える方法において、少しずつ表現を変えてきていると言うことが実に意味深いと言えるのです。私にはガブリエルは先の原始キリスト教の説き方の経験を生かして、後で説いたイスラム教の方が多少理解が難しく成ったが、より正しいと言っているのだと思います。

ガブリエルは数百年の時間差のある両者の方法を難しくはなるが、人類の進化に応じても次第に本来の姿に近づけて説くようにして、対称的に示してくれていることで、未来の人類は神と人間の正しい関係を知って欲しいと言っているように聞こえます。

さらに、イスラム教が重要視する徹底した偶像崇拝禁止は、旧約聖書時代から言われていてキリスト教でも説かれてきたことです。しかし、キリスト教では殆ど守られず、ヤハウエを除いてイエスもマリアも天使達も全て偶像で表現されていて、その分イスラム教ではその反省の意味を込めて厳格に実践されています。

しかしながら、現代人からはイスラム教のそれはやり過ぎのようにも見えます。しかし、このやり過ぎの意味は普遍性の追求を意味している事は間違いない事です。

ここに特に明記しておきたいことは、イスラム教の正当性を私は認めますが、それがテロを肯定する理由にはなりません。

例外的ですが、ここで私が一つ、イスラム教よりもユダヤ教、原始キリスト教の方が適切と思える点があります。

それは、普遍性の観点からは、アラーを「唯一の神」とするならば、現代のイスラム教では、あまりにも、アラー、アラーと呼びすぎると思います。アラーがイスラム教の占有の神の様に聞こえてしまいます。占有してしまえば、アラーは民族の神となり、一神教は崩れます。ヤハウエのように、子音表記にまでして、声に出す事も畏れ多いとする姿勢の方が適切と思います。ただし、ヤハウエも、ユダヤ人にとっては、民族の神としての役目もあると思いますので、どちらにしても完璧な表現ではないと思います。ここは般若心経のように、『空』とすることで、どうにか普遍性は保たれるのです。

キリスト教とイスラム教との詳細な対称性と共通性、及びその検証については、今ここでの紙面に余裕が無いので、別の機会にしたいと思います。しかしここに示しただけでも、イエスとムハンマドの関係を語るには十分だと思います。

イエスの背後に居て、イエスを指導するガブリエルを中心とする天使と呼ばれた知的生命体達と霊団が存在し、同様にムハンマドの背後に居て、ムハンマドを指導するジブリールを中心とする天使と呼ばれた知的生命体達と霊団が存在していました。この事は、イエスとムハンマドが基本理念においては全く一つになっている事の証です。二者を対立とみる事は絶対に不可能です。

ガブリエルはイエスの死後イエスの教えが歪んだ形で非ユダヤ人に伝搬していく事に対して、その弊害を抑え、その方向と範囲を強制的に制限するためにムハンマドを選び、イスラム教を起こしたのです。

イスラム教は徹底してバチカンによって歪んでしまったキリスト教に対抗するように創られているのです。そしてイエスをイスラム教の預言者としてコーランに明記したのです。

それは即ち、イスラム教はバチカンには対抗はするが、イエスはムハンマドと一緒なのだと主張している事になります。しかも、その主旨を確実なものとするために、古代アラビア語で書かれたコーランを他言語に翻訳する事を禁じ、アブラハムの血を引くアラブ人以外には拡散しないようにしたのだと理解できます。今から見ると、ある程度は成功しているとも言えるし、一部拡散してしまったとも言えると思います。

キリスト教成立に於いて、バチカンでは何度も改ざんが繰り返され、誤った形で世界に拡散した事の反省に立ってイスラム教は作られていると言えます。ですから、キリスト教徒はこの事を重要視するべきなのです。

ここで、私がガブリエルに心から感謝したいことがあります。

それはガブリエルが係わって興した、ユダヤ教、原始キリスト教、イスラム教において、民衆への説明上、様々な説き方をしたとしても、その背後には一貫して普遍の世界観を基にして、一元論の神を説いていたということ。そして、それを現代にまで伝えたということ。

それを現代の私が一貫した真理として、解釈できるように説いてあったことです。

これはなかなか出来ないことです。現代において、「普遍の世界観」が説かれても、それに矛盾しないように、十分すぎるほど熟慮して、しかも民衆向けに説いていたことに私は驚かされ、そして感謝の気持ちが湧き出てきます。

もしそうでなければ、私の説く世界観は過去のそれとは対立するモノになっていた筈だということです。私がガブリエルの説いた「唯一の神」を引き継いで説けるということは、地球の歴史の一貫性の上で極めて重要なことなのです。

キリスト教が変わればイスラム教も変わる

私が以前イスラムの文献を読んでいて、特に印象に残っている事があります。それは「イエスの再臨によってキリスト教が変わり、そしてその時からイスラム教も変わる」、とコーランに書いてあった事です。

イエスの再臨の後に新しい道が拓かれる事、この事は重大です。ムハンマド自身はイスラム教をイエスが再臨するまでの仮のものと位置づけている事になります。

ムハンマド自身、イスラム教をバチカンのキリスト教に対する修正機構として位置づけていて、仮のものであり、歪んだキリスト教に対抗するために、キリスト教を十分研究した上でのイスラム教の発祥なのです。

そして、イエスの再臨により、原罪消滅宣言を基本とした真のイエスの教えが説かれる事で、バチカンのキリスト教は遂に行き詰まり、自ら変わるか、そのまま突っ切るか、それはバチカン自身の判断に依ります。しかし私は、バチカンがどうあろうとキリスト教徒が変わればそれで良いのだと思います。

イエスの再臨により、もしキリスト教徒が変われば、これまでのキリスト教徒に対する対抗処置としての役割を終える事になります。そして遂に、これまで不透明で対立しか見えなかった所に、原罪消滅宣言が成されて、イスラムも仮の姿を脱ぎ捨てて、ガブリエルが係わった全ての宗教が共通の基本理念を持ち、本来の普遍的な教えに生まれ変わるという明確な方向性が見えてきたのです。

イスラム教はもともと徹底した普遍性を追求する方針ですから、その変化の方向性は間違いなく『般若心経の普遍的な世界観』と一致すると思います。ムハンマドはその時を待っていると感じます。

最終的にはキリスト教が変わる事で、イスラム教は仮想敵としてきたキリスト教と和解し、善と悪の戦いを意味する終末論から共に解放されるのです。

ただし、キリスト教は再生キリスト教となっても、どこまでも非ユダヤ人ですからそれがユダヤ教とイスラム教と一つに成るとは考えにくいと思います。その判断はガブリエルとイエスに任せて私は口出ししません。

私はキリスト教再生を説いていますが、それはどんな宗教でも一元論に結合することで、新しい普遍の宗教になるとの考えです。

ここからは私の判断の外になりますが、さらにイエスの再臨でユダヤ教がイエスを救世主として受け入れれば、アブラハムの子孫としてのそれぞれの立場の独自性を保ちながら、助け合っていける世界が生まれます。

そうこうしているうちに、地球は宇宙人との関係を復活し、新しい宇宙時代を生きることに成るのです。そこでは真に普遍的な世界観が要求されます。そのために、私は般若心経を解読し普遍的な世界観を示しているのです。

それならば尚更の事、私としてはユダヤの救世主と成ったイエスとガブリエルに選ばれたムハンマドによって「新しい天と新しい地」を創って欲しいと強く思いました。

そしてその事の実現こそが、イエスとムハンマドの真に目指している方向である事が分かります。その時が共にアブラハムの元に帰る時なのでしょう。

この筋書きに、まったく不自然さが無い事が分かります。

のです。

キリスト教はどう変われば良いのか

民族依存の善悪二元論の宗教は常に独善の「毒」を持っていて、普遍性を欠いています。善悪二元論から入って行けば、原理上他の善悪二元論と対立することで、どうしても普遍性を欠く事になるのです。

しかし、その矛盾に気付いた時、初めて善悪を超越した一元論の世界を目指す決意に芽生え、それを目指して修行をし、やがて普遍性を回復し、普遍の神と一体に成るのです。即ち「空への帰還」を果たすのです。

一元論に達すれば、それであっても現実対応の手段として、二元論は必要となりますが、一元論の下にある限り、意識はいつでも一元論に戻れる事になり、二元論の持つ、地域限定、民族限定で、属人化されたことによる矛盾は大きく解消されるのです。

ガブリエルの書いた筋書きから、ヨハネ黙示録の意味も見えてきます。

ヨハネ黙示録には善と悪の戦いが描かれ、それが人類の最終戦争と解釈する人が多くいます。放置すると本当にそのように成ってしまう様相です。

事態はそれほど深刻だという事です。そこに善と悪の戦いがあるとして、キリスト教徒が善の側である保証は全くありません。そこに危機感を持つべきです。

ここで今更、自分が善である事を主張しても効果はありません。そんな言い訳は意味が無いという事です。でも安心して下さい。何があっても神は最終的に救済を実行します。私の書いているこの書も、その救済の基本型を示しています。救済の原理を知れば、そこから人間がどのように生きれば良いかを読み解くことが出来ます。

世の中に全部が善、全部が悪などというモノは存在しません。善の立場のつもりでも、その中に有る悪にこそ意味があるのです。善の中に居るつもりでも、その中の間違いは必ず正されます。それを曖昧に済ます事は出来ません。

自分の外に悪を見ていては、救済の網には掛かりません。自らの中に有る悪を知る事で、初めて善悪との戦いはギリギリの場面で回避されるように導かれる事に意味があるのです。そして最後は、私が示す「自明行」のプロセスを経て、悪と見えた事も善のつもりでいた悪も、いつか肯定される時が来るのです。

偽キリスト教を構成する要素、それは即ち「新約聖書の位置づけ」「神のひとり子と帰依の対象の限定」「磔による人類の罪の贖い」「教会にのみ神が宿る説」「神と悪魔の善悪二元論」等の特殊な事項は、バチカンによってイエスの後に追加された普遍性を欠く事項であります。これを世界に向かって一般化することは絶対に出来ません。

しかしそれ以外のイエスの直接残した珠玉の言葉の数々は、「救われの論理」として世界の何処でも通用する普遍の真理の言葉で満ちており、そのまま世界に普及することに何の制限もありません。そもそもイエスは「統治の論理」ではなく、「救われの論理」として教えを説いたのですから。

更に言えば、般若心経の『空』の概念を基に、元々は民族特有の地域限定として説かれた善悪二元論であっても、自らが普遍性を追求する立場に立ってそこに説かれた言葉の一つ奥を捉えれば、一元論に昇華可能であり、普遍性を回復できる場合が沢山あります。

ところで、人生を豊かにする珠玉の言葉は他の民族文化にも沢山あります。その文化的背景を大切にして、これらを一元論に統合する事で普遍性が回復し、様々な矛盾が解決されていくと私は考えます。

依って立つ理念は何か。宇宙の中に肯定されているか

キリスト教はその発祥から現在に至るまでイエスの主旨に大きく反しましたが、歴史の中ではキリスト教文明を作り、その時代は確かに多くの知恵や芸術をも生み出してもいます。イエスの名の下に犯した巨大な悪もあれば、確かに善もある。それが「善の中の善」なのか「善の中の悪」なのか「悪の中の悪」なのか「悪の中の善」なのか。

バチカンを念頭に置いて話せば、組織も長くなれば様々な矛盾が出てきて間違いを犯すモノです。しかしその間違いは司法か社会か民衆が、いずれ裁くことになるでしょう。それは私の仕事ではありません。

そして、長い間には様々な芸術の創造や科学技術の発明もあったでしょう。そしてそれを評価するのも、これも私の仕事ではありません。

私はその悪を裁くのではなく、善を評価するのでもなく、その組織自体の発祥の根拠、その組織の持つ世界観が宇宙的な真理の下に肯定されているのか、否か。整合性を持って存在しているのか、否か。そこを注視しているのです。

そしてバチカンはそこに致命的な問題があるのです。

表向き善に見えようと悪に見えようと、基本の世界観、そこから導かれる理念、そこから生まれる方針こそが重要なのです。

それぞれが理念の中に、自らの行動がどのように位置づけが出来ているか、それが重要なのです。

そして一元論の中で、つまり『般若心経の普遍的な世界観』の下に、正しく位置づけさえ出来れば、それが根底から否定される事はないのです。

そして遂に、善悪の対立の究極の場面では、私が示すプロセスによって自らの立場を多層構造の中に位置づけることにより、一元論に吸収されて統合され、世界は「新しい天と地」を迎える事が出来るのです。最終的にはバチカンの数々の悪行さえ、一元論の価値の多層構造の中で正しく位置づけられることで段階的に肯定される時が来るのです。そしてその時代が生み出した数々の善も、正しく評価される時が来るのです。

本書の範囲を超えますが、善悪二元論の対立の究極の場面に於いて、民族限定、地域限定の善悪二元論が一元論に吸収される過程で、絶対に避けられない重大プロセスが存在しています。そのプロセスについて詳しく学びたい人は、拙著『未完成だった般若心経』（献文舎）、及び『人間やりなおし』（献文舎）を参照して下さい。

Ⅷ章

むすび

イエスとムハンマド

私はイエスにコンタクトしたようにムハンマドにもコンタクトしました。

それは忘れられないコンタクトでした。その時は特に具体的な事象についての交流は有りませんでしたが、コンタクトした時のムハンマドは透き通るような緑色に輝き、こちらが大きな感動に包まれるような包容力に満ちた素晴らしい人格の持ち主でした。ムハンマドは私の普遍性追求の姿勢に対して、イエスと同じように全面的に応援してくれていると強く感じています。

そして最近気がついてみると、私の中ではいつの間にかイエスもムハンマドも完全に調和して一体化していて、何故かその関係と輝きが少しずつ変化してきて区別がつかなくなってきています。

この体験を通して、これから創られる未来の世界、即ち「新しい天と新しい地」の実現には大いに希望を持つことが出来て、とても明るい気持ちになったのです。

そして、イエスもムハンマドも同じ歴史の流れの中に共鳴していて、ムハンマドはイエスと役割（天命）を分けていて、イエスが磔になってまで示した原罪消滅宣言を明らかにする事を待っていたのです。

さらに、ムハンマドはイエスを「唯一の神の子」ではなく、預言者としてコーランに記述して重要な存在として残して、イエスの再臨を待っているのです。

遂にムハンマドまで登場しましたが、この書の主旨は「原罪消滅宣言」とキリスト教再生でありますから、ムハンマドも関係する「新しい天と新しい地」に関する展開はこの程度で留めておきます。

許されるなら機を改めて、軸足を宇宙に置き、イエスとムハンマドとそこに般若心経がいかに係わっていくかについても強く浮かんでくるメッセージがあるので書いてみたいと思っています。

私としては、前編の「原罪消滅宣言」は瞑想の中でイエスから伝えられた自覚があり、そして後編の「新しい天と新しい地」はイエスとムハンマドの両者から書き進む中で伝えられた事だと理解しています。

時代は進み、アブラハムの時代から何千年か経って混血は避けられない時代ですから、ガブリエルの方針も宇宙視点からの段階に入っているものと思われます。

キリスト教再生のための最終ポイント

ここでの私の立場はイエスとの交流によりキリスト教の大きな過ちを前提として、それを知らずにいるキリスト教信仰者を救うためのキリスト教再生を求める立場です。

そして、この問題にはキリスト教修正の役割を持つイスラム教が絡んでくるのでした。

当然私はムハンマドとの儀礼的な交流はあっても、特に具体的なメッセージは戴いていません。

しかし、このキリスト教再生の課題の根底にはイエスとムハンマドとは同じ立場にあるということを前提に問題解決に当たらなければならないということです。

あなたが真のキリスト教徒でありたいと願うならば、イエスが何をどう考えるかを知ることだけが重要なのです。それは聖書でもなく、バチカンでもないのです。ましてや神父の考えでも、牧師の考えでもないのです。

キリスト教再生を求める人達は、今こそイエスの主旨を取り違えたバチカンによる重大な間違いを自覚し、それをリセットすることを心から誓いなさい。

そして、今こそイエスに心を合わせ、キリスト教再生の成就と新たな信仰の立場を与えて頂けるように祈りましょう。

■ムハンマドとイエスはフラクタル共鳴の中で一つになる

ここまでを読み返してみて振り返れば、これまでも私は日頃から宗教としてのキリスト教に確かに疑念を持っては居たのですが、イエスとコンタクトしてからはイエスに対して理解が深まると同時に、一方のバチカンに対しては致命的な問題を抱えていると強く思うに至りました。

私は第二〇回洞爺研修会の時にはじめて真剣にキリスト教に向かい合いました。そして、二〇一八年七月八日に突然イエスとのコンタクトが出来た時に、『このイエスからのメッセージを必ず本にして出版するように』と強く意識させられました。

私の心の中ではイエスとフラクタル共鳴し、後編ではムハンマドとも共鳴し、共にフラクタル共鳴の中で交流している事に改めて気づきます。

フラクタル共鳴の中でキリスト教徒ではない私が、もちろんイスラム教徒でもない私が、ここまで書いてしまったことを私自身とても驚いています。

いつも私の心の中にあって、ここまで私を駆り立ててきた普遍性を追求する大きな存在に驚きを禁じ得ません。

後編　おわり

付録編

人類への警告

Ⅸ章

ガブリエルの怒り

ガブリエルとの密な交流が始まる

この書は、イエスとのコンタクトで始まり、続いてイエスからの数々の啓示が集中的に与えられ、それを私は必死で纏め上げました。そして遂には、ムハンマドが挨拶に出てきて、イエスとムハンマドの関係を明らかにして、私は「結び」までを書き終えました。

ところが、執筆の終盤に近づくにつれ、私の中にガブリエルの存在が意識されてきました。それが少しずつ育ってきて、やがて定常的になり、遂にはそれが強烈な存在にまで成長して来たのです。

しかも、ガブリエルはここまで私が書いてきたことに対して大きな不満を示しているのだと分かりました。

私としてはこの書をここまで書いてみてかなり厳しい内容に成ってしまったと、多少言い過ぎた感でいましたが、ガブリエルからは「甘い。甘い。甘すぎる。事態はもっともっと深刻なのだ。」と強く伝えてきます。

ここはしっかりとガブリエルからの伝達を受け取ることにしました。

そこで、これまでの私のスタンスと「イエスからのメッセージ」の解釈はそのまま残し、以下にガブリエルのメッセージを受けて更に吟味して、ガブリエルの深刻な意見を示しておくことにしました。

そこで私は原稿を書く手を一旦休め、こちらから瞑想の中でガブリエルに焦点を合わせてフラクタル共鳴体と成り、積極的にガブリエルからの情報を受け取りました。

予定にはなかったことなのですが、ガブリエルからの強いメッセージを受けて、ここにそのために一章を付け加えることにしました。


私はキリスト教再生に絞って話を展開してきましたが、ガブリエルからすれば、「極めて中途半端で肝心の議論を避けている」と思っているのだ、と分かりました。「キリスト教再生はそれだけを取り上げて追及しても決して実現しない。それを取り巻く周囲の問題から解決していかなければならない。」とするのが、ガブリエルの忠告です。それは確かに、私としても、否定できない筋論です。


そこでこれまでの私の執筆の立場を一旦離れ、ここはガブリエルの立場から全体との関係を付け加えてみたいと思います。

当然、ガブリエルと私とで表現が違うところがあり、重きを置く視点も違います。

そして、その違いにこそ意味があるのです。これは二極性フラクタル共鳴です。

そして、表現が一致するところは重複しますが、敢えてそのまま残しておきました。

さてそこで、ガブリエルから「先ずこれを解読しなさい。」との最初の伝達は以下のことでした。

「宇宙人グレイからの警告」

実は、私はこの以下に示す二〇〇二年の宇宙人グレイからの警告を示す、ミステリーサークルの存在を最近まで知りませんでしたが、この書の執筆の最後に、それもこの最後の章の【ガブリエルの怒り】に差しかかった時に、たまたま目に飛び込んできたのです。その内容にも驚かされましたが、そのタイミングには最も驚かされました。（本書巻頭図、1から4を参照してください。）

当然、この書の主旨の中でこの暗号めいた英語の訳文を理解しようとすると、私には何の迷いもなく自然にそのまま意味が理解できました。

私はガブリエルに導かれ、これを解読するように指示されたのです。このタイミングでの共時性はガブリエルによる私への働きかけの傍証と言えます。

そこで、以下の「宇宙人グレイからのメッセージ」を引用することで、ガブリエルによるユダヤ人とバチカンと、キリスト教に対する宇宙での位置づけと、グレイも係わってもらって私達の世界の深刻な問題を語ってもらおうと思います。

□ヒストリーチャンネルより

二〇〇二年八月一五日イギリス、ウィンチェスターで発見されたミステリーサークルには宇宙人の自画像と円盤が描かれていて、その円盤には「0と1」のデジタル信号が表現されていました。それを研究者が急ぎ解析した結果、「0と1」の信号はアルファベットに対応していて、そこから以下の文章が読み取れました。

関連資料はインターネットに載っていますから、是非確認してみてください。

【参考サイト】　古代の宇宙人 - ミステリー・サークル
https://www.youtube.com/watch?v=VgsHzdlu4MI&feature=share

バイナリーコードを解析し、英文とした結果を以下に示します。
解読原文は大文字と小文字が混在しています。

Beware the bearers of FALSE gifts & their BROKEN PROMISES.
Much PAIN but still time.
BELIEVE.
There is GOOD out there.

We OPpose DECEPTION.
Conduit CLOSING.

【直訳例】「偽りの贈り物と、その果たされない約束の担い手に気をつけてください。多くの苦痛がありますが、しかしまだ時間があります。その外に善があります。私たちは欺瞞に反対します。連絡は閉ざされます。」

バイナリーコードの暗号は世界の研究者が解いてくれましたが、それでもこの英文の直訳では現実的意味が全く分かりません。核兵器に対する警告と解釈する人もいますが、それは違うと思います。既に幾つかの解釈が試されていますが、どれを読んでも警告であることは分かりますが、それが何の警告なのか、そして何が重大なのかもよくわかりません。

誰もが「自分の世界」で解釈しようとするためになかなか核心を突けずに居るのだと思います。「自分の世界」という点では私も同じですが。

わざわざ宇宙人が地球人に警告のメッセージを送るとするなら、それは宇宙規模の話であり、何処かの国の内政や外交の問題ではないことは明らかです。それは、地球規模でのよほど重大なことを示唆していると思われます。そう考えるのが常識的でしょう。

ちょっと想像すれば分かるように、その警告のメッセージを誰にでも分かるように書いてしまうと、重大であるが故に世の中にかなりの混乱を生じさせてしまうことになるので、分かる人だけに分かるように書かれていると判断できます。

そこで、心に浮かぶままに、この英文をガブリエルに相談しながら、グレイともフラクタル共鳴体と成って解釈してみましょう。

最初に私に応えてくれたグレイはとても優しい女性でありました。こちらがイメージしていた、あの頭でっかちの姿から想像するようなベクトルとは全く違い、先ずは優しい面を示してくれて、こちらを安心させてくれたのだと思いました。

前提として、ガブリエルの種族の知的生命体（X）と、グレイの種族の知的生命体（G）とは、私の理解では異なる種族と思っていましたが、メッセージの内容がガブリエルのそれと殆ど違いが感じられないことから、両者は密な同盟関係にあり、役割分担しているのだと思うに至りました。以下、直接地球に係わる同盟の代表としての、グレイからのメッセージとなります。

さて、この警告メッセージの内容を以下に解釈していきます。ここまで書いてきた内容からその大筋は読者にも何となく見えていると思います。

小麦畑の円盤図形に込められた「グレイからのメッセージ」の解釈

【解釈の基本】

上記【直訳例】に多少の手を加えて、番号を振りました。

【1.】偽りの贈り物の担い手と、彼らの根拠のない約束に警戒せよ。
【2.】沢山の苦しみが生まれる。しかし、それにはまだ時間があります。
【3.】信じなさい。
【4.】その外側に居るのが良い。
【5.】我々は、その様な欺瞞とは反対の立場にいる。
【6.】連絡通路を閉じる。

具体的な解読に入るには、最初の部分「偽りの贈り物の担い手と、彼らの根拠のない約束に警戒せよ。」を解読しなければなりません。

この比喩の意味が分かってしまえば、後は芋づるのように、意味は解けてきます。解読結果から言えば、「警戒せよ」の警戒すべき対象とは、ズバリ、この書の前編と後編で示してきた「イエスに対する間違った認識」「バチカンとバチカン由来のキリスト教の問題」、及びその根底に有る「新約聖書の問題」です。

【解読1‥】現代のキリスト教の伝道者と、その拠り所となっている新約聖書に警戒せよ。

（コメント1‥）

ここで「偽りの贈り物」とは、まさに現代のキリスト教の価値観その事であり、「彼らの根拠のない約束」とはその成立に全く正当性がない新約聖書の事を意味します。

そして「担い手」とはそのキリスト教の伝道者という意味に成ります。広い意味でバチカンを含む、バチカン由来のキリスト教全般の布教のための組織を言います。それは即ち、現代のキリスト教全般を意味します。

特に「彼らの根拠のない約束」については重要箇所なので多少説明をしましょう。

前編・後編を通して詳しく説明したように、ユダヤ教でも、原始キリスト教でも、イスラム教でも、その発祥には常に係わってきたガブリエル、ヤハウエ、さらに肝心のイエスさえも、バチカン由来のキリスト教の発祥には一切係わっていないという事実が有ります。そしてその不都合な真実を抱えるのがキリスト教の闇の部分であり、それを正当化するのが「新しい約束」という名の新約聖書なのでした。

つまり、「彼らの根拠のない約束」とは、それは即ちバチカンが創って勝手に主張する「新しい約束」という、新約聖書を指しているのは明らかです。

この「偽りの贈り物」の「担い手」は、根拠のない約束を掲げて、十七世紀間にも及ぶ西欧の歴史の中でキリスト教文化圏を創り、結果、歴史そのものを大きく支配してきました。大きな意味では、「偽りの贈り物」は西欧の歴史そのものでもあります。

警戒の対象はその「根拠のない約束」に基づく価値観であり、「偽りの贈り物」を創ったバチカンと、その「偽りの贈り物」の拡散を続ける現代のキリスト教の「担い手（伝道者）」が作る歴史であり、その行動原理なのです。

【解読2.】 ここに示した「警告」を放置しておけば、何か重大なことが起きて大きな苦しみが発生する。しかしそれには、多少の時間がある。だから、早く問題を知って、それを解決しなさい。

〈コメント2〉

「その時、世界に大きな痛みが生まれる。しかし、それにはまだ時間があります。」の意味は、直訳そのままで、この警戒の対象が解決されなければ多くの痛みが発生することを予言しています。時間はまだあるとのことですが、現時点で二〇二〇年で、一八年経ちますから、そろそろかも知れません。

執筆の指示のあったタイミングから考えて、新型コロナウイルスのパンデミックに無関係ではないと思いますが、この程度のことは始まりに過ぎず、事態はもっと重大と考えられます。むしろ我々はこれを必要な世直しと捉えて、この危機の体験から多くを学び、次に来る世界に備えるべきです。

様々な混乱と不幸、そして争いが発生するということでしょう。しかし、その「多くの苦しみ」とは、決してバチカンやキリスト教各派に天罰を与えるという意味ではありません。善悪二元論の中で解釈すれば、「良くないことをしたからそのような悪い結果と成った」という解釈が成り立ちますが、そういう解釈をするのであれば、私がこの書を書く必要はないのです。私がこれを一元論の中で解釈すれば、「宇宙の法則の中でフィードバックを作用させて、次なる進化を推進すること」に成ったのです。

グレイとしては、その「多くの苦しみ」を減少させることは出来ても、皆無にすることは地球を導こうとする宇宙連盟の規則上、出来ないのです。それは「宇宙の法則の結果」であり、「生命活動のフィードバック」なのであり、「その結果としての必要最低限の苦しみは体験しなければならない」という、「宇宙の決まりごと」です。フィードバックの為の必要最低限の苦しみから人類は多くを学ぶことが出来るのです。
間違った世界観が宇宙の法則によって思い通りになり、その結果「多くの苦しみ」を生み出すのであり、故意に与えたものではありません。
グレイは、地球のために、それが最小になるように、かなりコントロールしてくれているのだと思います。それを忘れてはなりません。

【3.】信じなさい。

（コメント3.）
「信じなさい。」とは、この警告の内容を信じなさい。という意味であると同時に、グレイは地球人のことを考えて警告しているのだから、警告を送っているグレイを信じなさい。という意味に成ります。グレイは対地球戦略の中で長期計画をもって、地球の未来を考慮しながら、この時を選んで警告という形で係わっているのです。そのグレイの根本的なところでの善意を信じなさい、という意味に繋がります。

【4.】この現代キリスト教の世界の外側に居ることが良い事なのです。

（コメント4.）

人類の進むべき方向を示しています。キリスト教に真実はないという意味にもなります。この現代キリスト教の外側に真実があるのだから、その外側に居るのが良いのだ。

宇宙人グレイにとっては生きる上で宇宙観が最も重要であり、そこに嘘があっては付き合えないと言うことなのです。

これは、私がそうですから、私にはその意味が良くわかるのです。これは好き嫌いの問題ではなく本質的問題であり、相手の世界観とそれに基づく価値観が未熟では、それだけの世界、それだけの生き物でしかないと言うことなのです。従って、このままでは、宇宙人グレイとしては地球人に対して、未熟な未進化な人類として付き合う以外にないと言うことになります。

【5.】我々（グレイ）はキリスト教の作る欺瞞の世界とは反対の立場にいる。

（コメント5.）

この警告を発したのはグレイであり、自画像を通して自らを名のったと言えます。そして我々グレイは、嘘で固めたキリスト教の欺瞞とは反対側に居ると、その警告者としての立場を明確にしたのです。

さらに、「我々宇宙人グレイは、既に地球の場の近くに居て、地球を見守っています。」との、背景の意味が浮かんできます。

「間違った世界観に頼っていては、まともな地球の歴史はあり得ない。それは苦しみを作り出す歴史なのだ。「イエスの大犠牲によって成り立つ世界」が真実ではないことから、これではあなた方と良好な関係を作れない。」と言っているのです。

そして宇宙人グレイは、「自分たちは、普遍的な世界観と、それによる正しい歴史観の中にいる、麦畑に描いた宇宙人グレイである」と言っているのです。

【6.】 連絡通路を閉じている。

(コメント6.)

単なる通信回線ではなく連絡通路としていることに意味があります。ここで連絡通路とは相互の時空の結合通路を意味しています。時間空間を歪めて、グレイの待機する宇宙の何処かの場所と地球の目的の場所とを結合する技術を彼らは持っていることになります。つまりそれは時空の連絡通路のことです。グレイはこの時空の連絡通路でこのミステリーサークルを描いているのです。「今は閉じている」の意味は、第一に、この警告文を描いて、その後連絡通路は一旦閉じたものと理解できます。そして、ここには「おわり」とか「つづく」とかの意味もありそうです。そして第二に、「連絡通路は今は閉じているが、条件さえ整えば、連絡通路を再び開くことができる。」という意味を含んでいます。その後者の意味の方が重要でしょう。

私達人類はこの警告を受け入れ、欺瞞の歴史を訂正し、新たな普遍の世界観を見つけ出し、その価値の下に未来への準備を整えて、連絡通路を復活される時を待つべきなのです。

根拠のない約束が生み出す「偽りの贈り物」の上に築きあげた歴史の延長上には混乱しか無いことは我々にも良くわかります。

人類に対して「いっときも早く普遍的な世界観とそれに基づく正しい価値観と、それによる正常な歴史を取り戻せ」という警告の意味になります。

危機感を持ってグレイの警告を受け入れよ

グレイの警告の裏には次のようなメッセージが隠れています。それをグレイに語ってもらえば、それは即ち「宇宙時代には独善的な発想は禁物で、宇宙に普遍的に通用する本当の世界観が必要なのです。」

「地球人はこれから広い宇宙へと航海していく時機なのですから、「井の中の蛙《かわず》」では生きていけません。」「あなた方の本心はその広い宇宙でも通用する普遍の世界観を求めているのです。」「普遍の世界観を求め、それを探し出し、そしてどこまでも可能性に溢れた生命の本質にも、常に心を及ばせておかなければならないのです。」「その『普遍的な世界観』は、それをグレイが教えても良いが、これは地球人の未来を創る重要場面だけに、地球人の自尊心と独自性の確立のためにも、更には、自ら屈辱的な被支配の構図を創らないためにも、これだけは地球人自らの力で、成し遂げることが最も重要であり、必要なことなのです。」「そして既に地球には、あなたが開拓した『普遍的な世界観』が存在しているのです。」「それが、この本には書かれている。それを我々（グレイ）は認めているのです。」

この書の著者としての私は、宇宙人が私達地球人類と交流するためには正しい世界観に立ち、そこから生まれる宇宙的な歴史観と価値観を共有しなければならないと考えます。それ故に、正しい価値観を相手に求めることは当然の事と思います。世界観という最も基本は互いに共有しなければ、共に生きられないと考えるのです。宇宙の中では、常に正しいモノは正しいのであり、そこを、誰がどう考えようと自由だという事はあり得ないのです。

これは私にとっては当然のことであり、たとえそれが地球人同士の関係であっても、私はそう思います。そして、これが宇宙人同士の関係であるならば尚更のこと、相手の住んでいる世界観を最も重要視するでしょう。ハッキリ言えば、地球人側がいくら「平和、平和、平和が大事だ。仲良くしよう。」と言い続けても、そこに実効的意味は無く、相手は全く心を動かさないということなのです。

「あなたの住んでいる世界観は何か。本格的に交流するなら、それを示して欲しい。」とグレイは言っているのです。

地球人にはその自覚が無くても、地球人そのものが自ら作り出した欺瞞の世界観によってキリスト教社会は自ら崩壊しようとしているのです。さらに、地球人の活動は既に彼らに様々な影響を与え、被害も与えているところまで来ているので、宇宙人としては地球人をこのまま放置は出来ないのです。

地球に係わる宇宙人としては地球人に対して、宇宙人の一員としての資格を得ることができるまで成長してもらわなければなりません。

その「偽りの贈り物」が人類に多大な悪影響を及ぼしているだけでなく、今や宇宙人の世界にまで欺瞞をまき散らしていて、既に放置できない段階にまで達しているとグレイは判断しているのです。

もし、地球人類の価値観や世界観があまりに未熟なものであれば、古代に宇宙人が人類の祖先を徹底支配したと同じように、その未熟な世界観を強制排除するか、それとも、遠くから抑制しつつ更なる進化を待つか、そのどちらかでしょう。

当然、グレイとしても地球人が自ら欺瞞を解消して、普遍的な世界観の下に普遍的な価値観を共有することで初めて成り立つ、両者の対等な関係を望んでいるのです。

しかし、グレイからの警告にあるように、その時間の余裕はもうあまり残されていないとの彼らの判断です。

未熟な世界観のまま形だけの対等な関係を作ろうとすれば、そこには忽ち対立が発生し、戦争にも成りかねないのです。実際今はその危険があるのです。

宇宙人が人類を徹底支配することを避けるためにも、我々はもう一段階成長しなければならないのです。

私達はその危機感をもっともっと強く受け取るべきなのだと思います。そして、そのための「グレイからの警告」なのですから。


「井の中の蛙」とはバチカンのことです。グレイから見れば滑稽なほどなのですが、実害が生じているので笑ってはいられない段階に来ているのです。

「バチカンが「偽りの贈り物」を創り上げ、その「担い手」が創り出すキリスト教の排他的な、あまりに独善的な世界観にはとても付き合い切れない」というのが宇宙人グレイの本音だと思います。

そして、バチカン由来のキリスト教各派もバチカンと同罪ですが、しかしその経緯に同情すべき点は多々あります。それは当然評価に加味されるでしょう。キリスト教徒の中でも、初めにこの「欺瞞」と「偽りの贈り物」に気付くのはこの人達かも知れません。この中にはバチカンに反抗して、宗教改革をやった人達がいますから。

バチカンが宇宙人から重大問題視されていることは、バチカン自身がよく知っていて、バチカンは「第三次世界大戦は既に始まっている」と度々公表しています。それは嘘ではなく、本当なのだと思います。果たして、その真相はどこにあるのでしょうか。

バチカンとしては、自らの立場を確保しようとすればするほど地球の危機は身近なモノとして迫ってきます。宇宙の法則は思い通りの世界を創るのです。

そして、バチカンはこのまま行けば宇宙人との戦いになることを知っていて、その覚悟の発言なのだと思います。「バチカンは今後もキリスト教の世界観を変えることはしない。」だから、以前の発言「宇宙人にキリスト教を布教する。」と重なってきます。その結果、「バチカンは決して妥協することなく、最後まで戦う。」との宣言が、この「第三次世界大戦は既に始まっている。」の発言に繋がるのだと思います。

それは、バチカンとしては既に袋小路に迷い込み、もう戻れない状況で、背水の陣で、虚勢を張って、最後のあえぎで、グレイに立ち向かっているように見えます。

グレイとしては、「そこまで言うなら、我々としては戦いを望まないし、我々は一旦手を引いて暫く状況を見守ることにする。」という意味で、「連絡通路は一旦遮断した。」というコメントに繋がります。

恐らくバチカンは、自分たちの何が間違っているのか、について正しく理解していません。バチカンは歴史の中で、様々な侵略や弾圧や殺戮をしてきましたが、それらを宇宙人が問題にしているのではないのです。それらの後ろめたい気持ちは、事の本質を見誤らせます。

バチカンがこの書を読みさえすれば、何が問題なのかを正しく理解することができます。そして最終的に原罪消滅宣言を受け入れて般若心経に繋がれば、そこには一元論の世界への道筋が用意されていて、宇宙人と戦わずに宇宙人との交流を持つことが可能であることが分かると思います。その様な普遍的な価値体系があることを知れば、多少でもまともな人間の心が残ってさえいれば、それに飛びつくはずです。

私の著したこの書は、この「グレイからの警告」に沿った内容ですから、しかも、私はその解決策まで書いていますから、宇宙人グレイはとても喜んでくれていると感じます。この書にバチカンをも変えることが出来る道が示されていることをグレイも知っているのです。

そしてさらに、先に私が執筆した『般若心経の普遍的な世界観』であるなら、グレイとしても地球人との交流は「大歓迎」と言ってくれています。

ガブリエルは、そしてグレイも、その『般若心経の普遍的な世界観』の主旨で、今私に働きかけていることがよく理解できます。

今、この時代に「第三次世界大戦」を拡大させないためにも、正しい世界観を宇宙に広げなければならないのだと言えます。警告通り、残された時間はそう長くはないということなのです。

私はキリスト教徒が事の真実を知って、ここに示した方法で世界的に動けば、バチカンを変えることが出来ると思います。今度こそ、イエスを信じるなら、キリスト教徒に与えられた新たな働きはここにあるのです。

今はまだキリスト教徒たちはその危機的状況を知らず、まさか自分たちが「偽りの贈り物」をもらった立場にいるとは思ってもいないので、或いはそう信じたくはないので、解釈をいじり回して自分たち以外のところに悪があると信じているように見えます。しかし、結果としてそれは宇宙人を相手に回してしまうことになるのです。人類は今、大きな歴史の転換点であると言えるのです。

バチカンの置かれた立場は決して他人事ではなく、他の中途半端な普遍性のない宗教にも同じように言えることなのです。独善があっては、宇宙時代に生きていけないということを意味しています。中途半端な宗教の、中途半端な神よりも、いっそ唯物論の方がずっとマシというモノです。それは、唯物論そのものは宇宙の一断面しか捉えていないために、決して真理ではないのですが、唯物論は裏を返せばいつでも、普遍の世界観に転換できる可能性を秘めているからなのです。

地球人としての受け取り方

読者の理解を深めるために、私がガブリエルやグレイとのフラクタル共鳴から感じることを書いておきましょう。

ガブリエルの知的生命体（X）とグレイの知的生命体（G）との間には、地球に係わる立場に明らかな立場の違いがあります。地球の歴史を作った立場から、現代の地球を改善しようとするのがガブリエルであり、一方、地球の未来に立った宇宙的視点から現代の地球に修正を加えようとするのがグレイです。

両者の間には明らかな同盟関係があって動いており、地球人に直接交渉して地球人類の発する負のエネルギーを抑制するように要請し、さらに地球人を指導して、宇宙人として成長させ、同盟に迎えようとしているのはグレイです。

ところが、グレイから見て最も障害になっているのがバチカンの問題で、そのバチカン問題の根源にはガブリエルの過去の係わりとしてのユダヤ問題があるということになります。言い方を変えれば、グレイは地球の外側から、ガブリエルは地球の内側から、互いに協力して地球に係わっていると言えます。

そしてグレイから見て最も困難な問題は、地球人の大多数はキリスト教徒ではなくても「バチカンはイエスキリストと一体で、人類の救世主なのだ。」と思ってしまっているという、かなり困難な誤解とねじれが存在していることなのです。

ところで、グレイ側と直接地球人との間には既に非公式の交流は存在します。

しかし、グレイ側から見ると、地球側の対応する国家機関の秘密主義の人達と反重力推進装置の技術だけを欲しがる人達には多少うんざりしていて、さらにはバチカンに絡む地球側の権力構造の非友好的要素のために、グレイ側の求めるもっと大局的な本来の惑星間交流の主旨にはなかなか合致しないのです。

一方地球側としては、グレイの行動原理を知るにつれてキリスト教文化とそこに基礎を置く行動原理ではとてもグレイに対応できないと知り、それが理由でグレイとの交流を公式にしたくはないのです。当然バチカンとしても、キリスト教の世界観を否定されたくないことから戦う姿勢を示しているのでしょう。

そこで、グレイは本来の惑星間交流を進展させるために直接国家組織に属さない、一般の民衆に向けてこのようなミステリーサークルを通して実情と問題点を伝え、警告を発しているのです。

当然彼らは地球の文化文明を調査し、自分たちの文化文明と調和できるかどうかを判断しているのです。

そこで私は当然のこととして次のように考えます。それは、宇宙人が高度な文化と文明を持つならば、『般若心経の普遍的な世界観』に匹敵する価値体系を持っていない筈はないと考えるのです。

ですから、私達人類は堂々と『般若心経の普遍的な世界観』を正面に出して、それを地球人類の理想として掲げることで互いの理想を共有することになり、相手がいかに高度な技術を持つ宇宙人であっても本来の惑星間交流が実現出来ると私は考えます。そして「私がそう考えている」ということは、「グレイがそう考えている」ということなのです。

今の時点で皆がその世界観に達していなくても、それを理想として掲げるだけで、その世界の中に住んでフラクタル共鳴の一部となることが出来ます。そこまで行けば、グレイは『般若心経の普遍的な世界観』を体得した地球人代表と話し合うことが出来るのです。地球の代表は選挙で選ばれるのではなく、天の意志で指名されます。その代表を中心とする地球の意志を代表する組織が必要になります。

そのためには、我々は当然のこととして急ぎ『般若心経の普遍的な世界観』を学ばなければなりません。それを私達人類の目指すべき価値体系として受け入れなければなりません。

地球人はいつまでもグレイとの接触を拒否しているわけにはいかないのです。そして、グレイとしてもガブリエルとしても、いつまでも地球人を放置しておくことは出来ないのです。

著者がイエスとの係わりで、キリスト教再生を目的として本書を著しましたが、ガブリエルから見て、これではあまりに遠回りなので、ガブリエルは直接グレイの警告を見せつけて、私に強く行動をうながしたのだと思います。それは確かに強い口調で、「地球人としてもっと真剣になれ。」「『般若心経の普遍的な世界観』を体得しているのだから、あなたがしないで誰がやるのだ。」というものでした。

さて、既に説明したように、グレイからの警告メッセージはバチカンとバチカン由来のキリスト教の担い手に対する警戒を伝えていると言えますが、その元をたどればユダヤ人のイエスを拒否した契約拒否の裏切り行動にあったのでした。

ユダヤ人は「すべきことをしなかった」のであり、自分が原因であるにも係わらず、「偽りの贈り物」を創ることに直接的には何も係わっていないのでその自覚は無く、一方バチカンは全てを知ってやっているということになります。

どの知的生命体から見ても今進行している地球の歴史、つまりユダヤ人の契約違反が元となって展開していく、バチカンの創り上げたキリスト教の欺瞞の世界は、余りに独善的で、独裁的で、今や宇宙規模で問題視されているのです。

常識で考えても分かるように、「イエスが唯一の神の子」「イエスの大犠牲によって成り立つ世界」という、余りに独善的な設定は、宇宙では絶対に通用しないのです。もちろん地球だって通用しないのです。

知るべきは、地球では行為とは形のことですが、進化した宇宙ではベクトルという「思考」こそが具体的行為なのです。真実ではないことを組織的に拡散することは、宇宙の何処であっても、信仰の自由でも思想の自由でもありません。真実ではないベクトルをまき散らすことは、それは地球上だけではなく、宇宙のルールとして間違いなのです。それはウイルスを待ち散らすことと何処か似ています。

このメッセージを見た読者ならば、宇宙人グレイが真剣に地球人のためにメッセージを送ってくれていることを疑うことはないのではないでしょうか。

これだけのことを誰もお遊びでやるわけはないのです。ここを解決しないと、人類が宇宙人との交流を公式に開始して、宇宙人の仲間入りをする条件は整わないのだと思います。そして何よりも、このままでは私達地球人にとって宇宙の真理を知る機会が奪われ、人類としての大きな進化の機会を逃してしまうと言えるのです。私はこの機会こそ、常に対立する善悪二元論を超えて、『般若心経の普遍的な世界観』に人類が統合される絶好の時だと思っています。

そこで、私達人類の側から彼らのメッセージを真剣に受け入れ、欺瞞を排除するように行動しつつ、こちらから連絡通路を開くように強く依頼すれば連絡通路は開くことになり、地球の未来に対して大いなる支援をもらえるのだと思います。

そして我々が何もしなければ、欺瞞は継続していくことになります。そこに地球の明るい未来は無いのです。

ガブリエルの地球人への思い

私はガブリエルからこの小麦畑のグレイからの暗号を知らされ、それを解読するように導かれました。そこで、グレイからの警告メッセージの内容とガブリエルとの関係を示します。

先ず知るべきは、イエスもそうであったように、ガブリエルは、ガブリエルという「名」が象徴する天命の範囲内で動こうとしているのです。もし、その働きから大きくはみ出ると、天命が曖昧に成り、却って大きな誤解を生むからです。

ガブリエルはその天命の範囲で慎重に発言していて、敢えて現代のキリスト教の出来事に直接関わることを自制しています。そこで、グレイの警告を私に紹介し、私達の置かれている状況を背後から教えてくれているのです。

そこで、ガブリエルの行動の前提は、ガブリエルはバチカン由来のキリスト教の設立には一切係わっていないという事であり、その大前提でガブリエルが地球人に働きかけているのです。

従って、バチカンに問題があっても、その歴史的スタンスを逸脱してまでガブリエルがバチカンに係わることはしないのです。すべきでないと考えているのです。ここを曖昧にすると誤解の元であり、バチカンを有利にしてバチカンに自己正当化の理由を与えかねません。

そこで、ガブリエルはグレイの警告を私に示して、グレイの発言としてバチカン問題を世界に知らしめようとしているのです。

ガブリエルとしても、かなり慎重に地球に係わっていることが理解できます。

ガブリエルからのメッセージはユダヤ人に対して強く集中しています。歴史の基本理解はグレイと同じでも、警告の向いている先が今の問題に向かっているのがグレイであり、一方ガブリエルの係わったいくつかの問題の、その根源に限定して向いているのがガブリエルであると私は理解しました。

それはガブリエルが、バチカン問題の根源にあるユダヤ人の契約破棄問題に対して大きな責任を持っているからだと思います。そして、その問題解決がなければバチカン問題も解決できないと考えているのです。もっともなことだと思います。

ガブリエルとしては、地球に係わった以上は最後まで責任を持って指導しようという熱いモノを私はずっと感じ続けています。

グレイの警告を「バチカン問題」として纏める

そこで、ここからはさらに踏み込んで、私がグレイから伝えられたメッセージとしてバチカン問題を書いてみましょう。ガブリエルとしても今更直接は係わりたくない問題であるし、ここはグレイに任せて語らせようということなのです。

グレイからの警告を受け入れ、これを理解すれば、ガブリエルの立場はより明確になってきます。

グレイがここまで協力してくれるのは、これが決して地球という宇宙の一部地域の問題ではなく、今や宇宙的問題にまで発展したからであり、その事を読者は肝に銘じて欲しいと思います。

ガブリエルではなく、グレイからのメッセージとして書きます。

「バチカンは自己都合でイエスを人類の、そして宇宙の独裁者に仕立ててしまった。」「このような暴挙を原始キリスト教の発祥に係わった、ガブリエルとイエスとしては当然承認できないだろうが、我々（グレイ）としても地球に係わる宇宙連盟の立場から、全くもって承認できないことである。」

「このようなバチカンの姿勢はイエスの意に反して、イエスを人質にしていることであり、このままイエスを宇宙の独裁者にしておく訳にはいかない。」「イエスを宇宙の独裁者として描くキリスト教を放置できないのだ。」「先ず、人質を救い出した後に、今度こそイエスには本来の立場に戻ってもらわなければならない。」

「我々（グレイ）はバチカン問題の根源にあるユダヤ人問題には干渉せずに、そこは協力関係にあるガブリエルに任せてある。」「従って、バチカンによるキリスト教発祥以前には敢えて触れないことにする。」

「宇宙規模で活動する知的生命体（G）としてのグレイは、宇宙的立場から宇宙時代を迎えようとする今の地球の置かれた危機的立場に対して、その問題点を明らかにするべく警告を発した。」「バチカンに対する警告は、地球の未来に係わる深刻なモノであると捉えるべきである。」

「バチカンの手に渡ってからの原始キリスト教は大きく変質し、原形を殆ど残していない。そこでは完全にイエスの主旨から切り離れ、ユダヤ人の物語をそっくりそのまま悪意を持って自分たちの物語として入れ替えてしまった。」「バチカンの創った新約聖書では、イエスによる同意もないままローマ帝国のための神に書き換えられ、イエスの生誕の主旨は踏みにじられてしまった。」「グレイからみてバチカンのその魂胆に地球の歴史に取り返しのつかない汚点を残していて、さらにそれが今後の宇宙時代にも引き継がれようとしているのだ。」

「バチカンはさらに帝国支配という自己都合のためだけの改ざんに次ぐ改ざんで、イエスの主旨に真っ向から反するまでになり、従ってイエスの名はイエスの主旨から完全に乖離して、「ローマ帝国の救世主」にと仕立て上げられた。」「そしてさらには「世界の救世主」にまでさせられた。」「原始キリスト教とは全く別モノのキリスト教として世界に展開していったのである。」「自作した自己都合の論理を神のモノとして人々に強制し続けたバチカンは、神を怖れない、神に反する人達であり、「反イエス」と言うべき人達である。」

「バチカンが反省し、自らの意志で二元論に統合される事があれば、歴史の中で切り拓いた道筋は無駄では無かったと評価されるだろう。」「さらに、バチカンが自らその世界観を修正できるなら大いに評価されるだろう。」「一方の、神無き独裁国家では思想的にかみ合う歯車が皆無だから、修正は不可能であり、根底から入れ替えることしか出来ないのだ。」

「しかし全ては二元論への統合が進行してからの話しなのだ。今はまだ善悪二元論の中でマイナス評価が蓄積した現段階でバチカンを評価するわけにはいかない。」「バチカンは徹底した自己反省から始まることになる。」

「私（グレイ）がガブリエルに代わって深く追及することは、ユダヤの救世主として、イエスを世に送り出したガブリエルの側から見て、全く意にそぐわない形で、キリスト教の名が利用され、イエスの名と立場が利用され、イエスに全ての責任と罪をなすりつけられていることだ。」「これが欺瞞でなくて、いったい何で有ろうか。」

「バチカンの自己都合に依って、バチカンの自作自演によって、新約聖書とかいう「偽りの贈り物」が創られた。これはイエスの許可も、勿論ガブリエルの許可も、さらにはヤハウエの許可も得ていない。」「イエスもガブリエルの関与しないキリスト教などというモノは存在し得ないし、それはもうキリスト教ではない。これはまさしく偽キリスト教なのだ。」

「このキリスト教の教義そのものは、極端に独善的で真っ向から真理に反していた。」「イエスの物語は知的生命体（X）の手から離れ、バチカンの勝手な解釈と創作によって帝国支配の道具と化していた。」「偽キリスト教は表面は金ピカで飾ってあるが、中には毒まんじゅうが入っているのだ。」「イエスは全くもってその意に反して、このバチカンの欺瞞によって地球のみならず、今や宇宙の独裁者に仕立て上げられ、イエス自身が大きな被害を被っている。」「その結果、バチカンはイエスを信じる人達をも騙し続けてしまっている。」

「中身が完全に置き換わったキリスト教という欺瞞の中心人物が、ガブリエルが送り込んだイエスであり、欺瞞の下にイエスの名で事が成されていくことを、地球に関係する宇宙人たちは、勿論イエス自身も、ガブリエルも、受け入れる訳がない。従って宇宙連盟としてこのまま放置することは出来ない。」

「ユダヤ人によって契約が守られていれば、この偽キリスト教は生まれていなかったのである。」そして「この偽キリスト教は本来歴史的に生まれ出なくて良かった宗教である。」

「従って、この偽キリスト教にはその成立において、神の名の下に位置づけるべき正当な根拠は存在しない。極めて人工的である。従ってそこから生まれる思想も極めて人工的で画一的である。そこには何ら宇宙的合理性はなく、宇宙的正当性は無く、全て創ったモノか借りモノか、盗んだモノである。」

「特に、イエスの名を盗んでイエスの主旨を強引に歪めてしまったことが極めて危険であり、それがあまりに巨大であるが故に、危険な異物として宇宙の中ではかなりよく目立った存在となってしまっている。」「もしこれが、地域の小さい宗教組織なら、そこに欺瞞があったとしても、ここまで問題視されなかったとも言える。」

「地球が宇宙時代を迎える前に、イエスの意にも、そしてガブリエルの意にも真っ向から反しているバチカンの悪巧みが巨大であるが故に、イエスが宇宙時代の独裁者に成らないように、悪者になららないようにしたい。」「我々（グレイ）はイエスの名誉を回復し、この混乱を収拾しようとする勢力に手を貸したいと思っている。」「麦畑に刻んだ警告は、その様な意味を含んでいる。」

「バチカンは正しく事実認識をして、生まれ変わろうと思えば生まれ変われる立場にある。」「それを我々（グレイ）は邪魔しないし、応援だって出来る。」「バチカンはイエスの名を汚したことを認めてガブリエルにそしてイエスに謝罪し、盗んだイエスの名を返還しなければならない。」

「そして、バチカン発祥の「キリスト教の名のついた教え」から「新約聖書とかいう書物」から、イエスの名を全て削除しなければならない。」「そうすれば、バチカン発祥の宗教はガブリエルの係わった歴史から切り離れ、グレイもガブリエルもそれ以上何も干渉はしない。」

「バチカンよ。悔い改めよ。」

【著者のコメント】

ここまで歪んでしまったバチカンには今更これは厳しいでしょうが、自ら犯した罪は善悪二元論の中で、先ず逃げずに正面から認めるべきです。それが有ればそこから新たな道が与えられるかも知れませんが、それは交換条件ではなく、その先の新たな話です。

バチカンに突きつけられた課題は深刻で、八方塞がりのように見えますが、ここで自己正当化をせずに真摯に非を認めて謝罪をすれば、般若心経の一元論の世界に繋がることで、そこに新たな道を用意することは出来るのです。そのための労力を私は惜しみません。

ここで、私が一元論の世界からバチカン問題を位置づけておきます。

即ち、バチカン問題は他の宗教にも大なり小なり有ることであり、バチカンが生まれ変わることさえ出来れば、生まれ変わりの模範となり、その手法が他の宗教から大いに受け入れられることになります。

しかしもし、出来なければ反面教師として人類に貢献することになり、どの道、人類の歴史に残ることになるのです。

世界のあらゆる宗教は宇宙時代を迎えるに当たり、バチカンを模範として、或いは反面教師として、その存続条件を満たすために自らの独善と排他を排除し、普遍性を回復し、一元論に結合することで未来に生きる道を確保できることになるのです。

私とガブリエル、そしてグレイとの関係

バチカンの問題はガブリエルからは何度も私に「ダメ出し」が入り、その度に書き直してきました。

まだ全ての「ダメ出し」に対応できてはいませんが、その傾向からガブリエルが伝えたいことは大筋理解できたと思っています。ただし、まだまだガブリエルの伝えてくる危機感をここに書き切れていないのだと思います。

ガブリエルとグレイから見れば地球の現状は何とも不安定なところにあって、なし崩し的に崩壊する危機にあり、その過程で地球の文明の大改造をせざるを得ないけれども、可能な限り地球人には地球の現状とバチカンの現状を伝え、未来にどうあるべきかを伝えることが重要だと考えているのです。その一つとしてこの書の出版を通して地球人に、今何が問題で、未来にどうあるべきかを伝えてきているのです。

さて、グレイとガブリエルの主旨を受けて、私が纏めると、地球の問題を扱う宇宙連盟は、ユダヤ教、原始キリスト教、イスラム教に関してはガブリエル（イスラム名ジブリール）の名を持つチームはその当事者として高く評価され、認められていて、そこに自由に係わり、直接的な行動が出来る。地球に係わった複数の宇宙人の中でも特に知的生命体（X）は、かなり丁寧に、長期に亘って親身に地球に係わってきたという、過去の実績を認められているのだと思います。

一方、バチカンの問題に関しては、ガブリエルとイエスは「その発祥には一切何も係わってはいないので、その「係わっていない」という事実を示す意味でも、距離を置くのが基本姿勢である。」としています。

しかし現実は「バチカンの側から歴史的にガブリエルの側に対して要らぬ干渉と攻撃が成されていて、イエスの名と尊厳を盗まれた状態のままになっている。」「この状況改善のためにはガブリエルとイエスの判断で、バチカン側に強制力を発揮することは許されている。」ということなのだと思います。

だから、ガブリエルとしては、「ここに正面から係わることは筋ではないけれども、上記の理由でいずれ係わらざるを得ない。」ということなのでしょう。「バチカンの犯罪行為に対しては、今は口にもしたくない。」「しかし、時期が来れば必ず動く。」ということなのだと思います。

私はやっとガブリエルのスタンスを理解できました。

ガブリエルが今後何をするにも、何も知らない一般の地球人を巻き込むことになることは出来るだけ避けたい気持ちがあり、そのためにも、地球人がこの歴史について正しい理解を持って自ら動いてくれることが、地球人側の被害を最小限にすることになるのです。彼らの今の様々な行動は、すべてここに起因しています。

私は当初、「キリスト教徒さえ救えればそれで良い」との思いから、バチカンやその元にあるユダヤの契約拒否問題に対しては、あまり追及の姿勢を示さずに、両者に強く「もの申す姿勢」は敢えて取らずに前章まで書いてきました。

私は普遍の真理を求める立場の人間として、イエスの気持ちだけで議論を展開するつもりでいたのです。

わざわざバチカンにまで、そして更にユダヤ人の契約拒否にまで遡って問題提起することは、バチカンとユダヤの両方を敵に回すことでもあり、私としては中々気が重いと思っていました。

しかし、ガブリエルからのメッセージとグレイによる警告の、事の重大さを知ってしまえば、この書の予定の範囲を変更しても、それを語るのは私の使命なのだ、という気持ちになったのです。

ガブリエルから私に「あなたは『般若心経の普遍的な世界観』を追求する立場の人なのだから、この危機的場面に直面して、その立場からはっきりモノを言い、行動に移すべきだ。」と叱咤激励されたのだと思いました。

その指摘で、改めて私の立場を再確認して頂いたのです。ずっと続いていたガブリエルの、苦虫をかみつぶしたような顔が、少し崩れたような気がしました。

私は宇宙に心を広げ、その隅々にまでスキャンし、フラクタル共鳴を創っています。ガブリエルはそこに、私の言語空間、私の思考空間、それは即ち私の価値体系を通してメッセージを伝えてくるのです。これは、私からしても、私の思考の影響を直接与えないようにメッセージを取得するのは、なかなか大変な作業であると言えます。

そのような制限の中で、ガブリエルのメッセージにはまだ私に伝えられてないことが何かあると感じています。この点、幾つか見えない部分が残りますが、何れはっきりする時が来れば、それを公表します。

ここで私が再確信したことは、これは決してガブリエルやグレイの問題ではなく、私達人類の問題なのだということです。

その上で、自分の意志でここまで積み上げたイエスとムハンマドとの信頼感を基にして、ガブリエルの言葉と新たに登場して頂いたグレイの言葉を借りて、バチカンの問題とユダヤの契約違反の問題から全体像を作ったのです。

実際、ここ暫くグレイとはフラクタル共鳴体となり、確かにグレイからのメッセージは届いています。

考えてみれば、ガブリエルとイエスは天命において同じ立場であり、バチカンに対しては「今は物を言うだけ野暮。しかし、その時がきて動くべき時には動く。」という姿勢なのだと思います。そしてユダヤ人に対しては、もっと身近な直接係わってきた問題として、強い使命感を今なお貫きつつある姿なのだと思いました。

それは宇宙の真理を貫くための、地球を救うための戦いを意味するのかも知れません。

抑制機構としてのイスラム教

イスラム教については余り話していませんが、常に背景にあって知っておいて欲しいことは以下の通りです。

ガブリエル（イスラム名ジブリール）は、第一に暴走するバチカンの修正機構としてイスラム教を興しました。

第二に、イスラム教はユダヤ人を外から囲んでいて、バチカンを発祥させた原因を創ったユダヤ人の契約違反と、イエスを無視した姿勢に関して強く反省を迫る位置にあります。

ガブリエルの立場から言えば、ユダヤ人がイエスをユダヤ人のための救世主と認めていればキリスト教は発祥しなかったことになり、そもそもガブリエルがイスラム教を発祥させる必要もなかったと言えるのです。

そうしてみると、このイスラム教の発祥とは、ガブリエルからすれば特別に重要なフィードバックとしての「最後の砦」としての意味があるのです。

イスラム教はそのような制御機構としての使命を担っていると言えるのです。

そういう理解に立てば、中東の複雑な動きと混乱の歴史は明快な一つのストーリーを持って見えてくるのです。

全てはユダヤ人による歴史的なボタンの掛け違いから始まり、それが現在のキリスト教による混乱状況を生み、その制御機構としてイスラム教をも生み出したと言えます。この三つ巴の関係の中で、イスラム教は重要な使命を持っていることが見えてきます。

ここで、宇宙人から見た今の情勢を纏めておきます。

「バチカンは原始キリスト教からイエスの名を盗んで、ローマ帝国支配の論理を創った側であるが、今はまだその内部に立ち入ることは避けている。」「宇宙政策的にも段階を踏む必要がある。」との判断です。

「今は、偽キリスト教のバチカンの外側に、イスラム教によって「たが」をかけて強く抑制をかけている状況であり、内部ではなく外側から制御している状況が続いている。」「そしてそのイスラム教は、同じ兄弟のユダヤ教がモーゼとの契約違反をして、そのまま知らん顔をして放置している一方で、イエスを預言者として護りながら、バチカンに対抗し、アブラハムの子ではないキリスト教の拡散を押さえ、アブラハムの下に誠実に生きているのだ。」

「ガブリエルに与えられた制御機構という役目のために、イスラム教はバチカン勢力とその系統としての欧米勢力とは常に対峙していなければならず、積極的に仲良く出来ない。」「しかし、決して対立を目的としている訳ではない。」「常に一定の距離を取りながら、ユダヤ教とキリスト教を制御している。」

「外見的にはこの三つ巴の関係が、今の歴史的な混乱を生み出しているように見えるが、その事の本質は、この三つ巴の関係によってどうにかバチカンの暴走を止めながら、ユダヤ人に対しても、「イエスをユダヤ人のための救世主として認めるのか否か。」と無言の中に示し続けていると捉えられる。」「そして、今のこの地域の混乱を解決するには、最初の原因を創ったユダヤ人のボタンの掛け違えを解消することから始めなければならないのだ。」

「ただし、ここでイスラム教はガブリエルにより制御機構として、敢えてキリスト教と対称的に善悪二元論で構築されているので、同じ善悪二元論のキリスト教に代わって単独で世界を動かすことはしない。」「世界の恒久平和の構築は複数の善悪二元論を吸収する一元論から導かれるモノでなければならない。」

私はガブリエルやグレイとのフラクタル共鳴によって、もちろんムハンマドともフラクタル共鳴を体験して、イスラム教の使命について初めて深く知ることが出来て、目から鱗のことが幾つもありました。

今やイスラム教の存在がクローズアップされてきましたが、ガブリエルは二千年後の事までを考慮してイスラム教を興して準備していたのです。

ジブリールからイスラム教へ、及びイスラム教徒へのメッセージ

さて、この段階でジブリール（ガブリエル）からイスラム教、及びイスラム教徒へ、私を通して以下のようなメッセージが伝えられました。必要な箇所以外、イスラム教、及びイスラム教徒を区別せずに記述します。私の翻訳できる範囲でお伝えします。

「今は、イスラム教徒に対する緊急性のあるメッセージはない。」「ただし、バチカン問題が決着し、キリスト教徒とユダヤ教徒が、変化を示したときには、イスラム教、及びイスラム教徒には、次の立

場が与えられ、そこに向かって変化しなければならない。いずれその時が来ることと、その時にイスラム教が向かう変化の方向性についてのメッセージを伝えておく。」

「バチカン問題はまだ決着が付いたわけではないが、バチカンがどちらに転んでも、イスラム教は十分にその役割を果たしてきたことになる。」「もし、イスラム教が存在せずに、キリスト教だけが存在していたことを想定してみれば、世界はバチカンに支配されていたことになる。」「イスラム教はバチカンに対する抑制機構として、十分に役割を果たしてきた。」

「さらに、ユダヤ教に対しては、対立の構図を創りながら、イエスを決して否定せず、預言書として正しく位置づけていたことの実績は実に大きい。自らの役割を十分に果たしたことを、私（ジブリール）は高く評価する。」

「イスラム教はここまでの役割を終えて、さらに進化して、次の段階に入る。」「混乱することなく、次の段階に移行するには、次のようにしなければならない。」

「あなた方イスラム教徒は、バチカン問題、ユダヤ教問題がどのように決着しようと、その後に来る時代のために準備しなければならない。」「その時は、私がムハンマドに与えた第一の使命が成就された事を意味するのだ。」「その時、私はあなた方を祝福し、次の方向性を示す。」「私がどのような方向性を示しても、それを受け入れることが出来る環境を作っておかなければならない。」「あなた方は、その方向の変化に耐えなければならない。」

「イスラム教徒は、アラーの下に、ムハンマドに帰依し、ジブリールの理念に照らして、次の時代に、自らどのような普遍的な世界観を描いているのか、どのような世界を近未来に望むのか、それを纏めておきなさい。」「あなた方が望む世界を私が与えるのが理想であるが、はじめはそれが、望む世界とは思えないかも知れない。」

「この変化のための幾つかの条件がある。そして忠告もある。」「先ず、この書を読みなさい。ここには未来の地球が書いてある。」「今、地球は新しい時代に入り、独り立ちするときであるから、新しい統合の論理が必要であり、そのために、あなた方には新しい役割が与えられる。」

「そのために最初にやることとは、イスラム教を一つにすることだ。ムハンマドに帰依することで、再度一つになりなさい。帰依の途中に誰かが入った方が帰依できるというなら、それはそれで良い。それは対立するほど重要なことではない。」「分離していることに、何の利益もない。」

「あのユダヤ教から学ぶこととして、アラーを簡単に、安易に声に出してはならない。」「アラーはイスラム教徒の専有物ではない。占有しようとした瞬間から、アラーはアラーでなくなり、アラーの陰だけを追いかけることになってしまう。」

「歴史的に、思想的に、勇敢にバチカンと戦った、そしてユダヤ教とも戦った、我が愛すべきイスラム教徒が、まさか未来に於いて、あのバチカンのように、又しても、独善的な狭い世界観を掲げることはしないはずだ。それを信じたい。」「そしてユダヤ人のように、ごね得を得ようと、強引に目の前の救世主を無視する様なことはしてはならない。自分たちの都合の良い救世主をよこせ、と言ったりはしてはならない。」

「あなた方は、歴史的にこれまで戦った相手、それは皆仲間で有り、真の敵ではなかった。その過去の、仮の敵を反面教師として、自分たちの未来に生かさなければならないのだ。」

「戦いの時には「独善には独善を。」つまり、キリスト教を相手に、「目には目を。」とする対称的な手法は必要だった。」「いつまでも戦い続けることはない。」「戦いの後には、互いに協力し合う、新しい手法と世界観が必要となる。」「そのような普遍的な世界と手法を求める気持ちに答える形で、ムハンマドは動く事になる。」

「それは戦いのように見えたが、私から見れば、全て相手に対するアラーの導き（フィードバック）であり、あなたたちにとっては反面教師としての導きである。そして、あなた方を含めた全体で一つなのである。」「これまでの歴史の流れの中から、それを現代的に解釈し、アブラハムの子達は、今何をして良いのか。何をして成らないのか。それを個々の事象の善し悪しではなく、その大きな流れの中で理解し、現代の中で、反芻して、体系的に理解しなさい。」「そこで回答が出なくても、その先に二元論の世界があることが見えてくるはずだ。」「そして、二元論に統合させる道を求めること。それがイスラム教徒に限らず、全ての人類に求められている未来の進むべき道である。」「それは自らその方向性を発見しなければならない。それが出来ずに滅びる者達も必ず出てくる。それはそう簡単なことではないからだ。」「あなた方はそうは成らないことを祈る。」「そこには、二元論の世界に向かって、大きく方向性を変えるという困難さはある。その困難を乗り越えなさい。」「その方法は全て、この書に書いてある。」

【著者のコメント】

執筆の途中ですが、既にフラクタル共鳴によって宇宙に対してはもう既にこの書の内容を発信しています。そして「未来の次元の異なる世界」からの反応は既に受けています。

私の中では既にイエスとムハンマドも一つになって活動していることを伝えておきます。

今の段階で私はこのメッセージをイスラム教の誰に伝えれば良いのか皆目見当がつきません。今は、フラクタル共鳴の中で伝えることだけに留めておきます。十分に手応えは有るのです。

広く世界を見れば、具体的には各宗教が各民族が、それぞれの連絡通路を創り上げることで、二元論の世界と善悪二元論の世界がしっかりと結合されることになります。それでこそ、グレイとの交流も可能となり、地球には恒久平和が実現し、ここ二千年の混乱も苦労も、大いに報われることになると考えます。

紆余曲折を経て、『般若心経の普遍的な世界観』が現実の世界に投影される事となり、その時にはムハンマドもそこにイエスも加わって、そしてジブリールもグレイも心から祝福してくれるモノと思います。

地球は大きな転換期

ガブリエルとグレイによる問題提起は結局同じ事だと思います。そして、イエスからのメッセージとガブリエルからのメッセージも結局は同じ事なのですが、多少ベクトルの方向が違うように思います。そしてそれは違っていることに意味があります。

ガブリエルの怒りとは、どら息子を相手にしての怒りのようであり、「もう勝手にしろ」と言っているようでさえ有ります。もっとはっきり言えば「この私（ガブリエル）の怒りを広く人類に伝えよ。」と聞こえてきます。

そしてさらに、ガブリエルの怒りとは、自分が数十世紀にも亘って係わり育て続けた地球人類を思いやるからこそなのであり、放置すれは人類は滅亡こそしないモノの自らまいた種で壊滅的な傷を負うことになります。

その壊滅の範囲はやはり、ユダヤ教、キリスト教、イスラム教と、それに係わる範囲でしょう。

このガブリエルの怒りを私達人類が深刻に受け止めるべきと私は思います。これらの歴史の矛盾が積もりに積もってモーゼとの契約が破綻すれば、キリスト教が再生されなければ、そしてここにバチカンの問題が追加され、バチカンが「偽りの贈り物」を配り続ければ、関連地域の人々は一度大混乱を体験することになります。

その破滅の時に関してイスラム教徒は「その時を自らの使命を果たす時」と決めていて、それを前提に準備をして待っているようでさえあります。その信仰の力が確かにバチカンへの強い抑制になっていると見えます。もしバチカンが変な動きをすれば、当然イスラム教は「今こそ、その時」と判断して動き出すでしょう。

いつの時代でもそうなのですが、それはバチカンのキリスト教に於いても、イエスを拒否したユダヤ教に於いても、狭い世界観しか持てない神官やそれから神を信じない神学者と律法学者が謙虚さを失い、極めて独善的になり、独裁的になり、自分の解釈を絶対視するモノです。神より偉くなった聖職者達が世界を崩壊させる道筋を作るのです。

ガブリエルとしては人類の未熟さを痛感していると思います。「預言されていたことであっても、何も預言に合わせなくても良いのに、何でわざわざ預言に合わせて混乱に向かって落ちていくのだ。もうあきれてものも言えない」というところでしょうか。

ところが、それでもイエスとムハンマドは決して諦めずに、地球人類を育てようとしているのです。「私達がやりますから」と上官ガブリエルを説得しているようでさえ有ります。そこで「もう少し待つが、もしそれでもダメだったらもう放置して崩壊するのを待つ。」というのがガブリエルでしょう。

ガブリエルはこの書の出版を喜んでいて、かなり協力してもらいました。このチャンスを生かして「もう少し待つ」と言ってくれているのだと思います。この書が世界を変える可能性は十分にあるということだと思います。

ガブリエルには地球に深く係わった以上、地球人類を育てることに対する責任があるのだと伝わってきます。地球の最後の仕上げのために、最後の場面に入っているのだと思います。

当たり前ですが、これはイエスとムハンマドの問題ではなく、私達地球人側がどう動くかだけの問題なのです。

ここで一度立ち止まって過去を振り返り、ガブリエルとその仲間達に私達は心から感謝の意を表しなければならないのです。

人類の歴史は民族単位で進化してきましたが、それらは地域限定の神、即ち宇宙人によって導かれました。

ガブリエルは今、自ら係わった地域限定の民族の混乱を鎮め、さらに進化を推し進め、いよいよ一元論に統合しようとしていることが私には強く伝わってきます。

この統合の過程を理解すれば、ガブリエルがバチカンを否定し、地域限定、民族限定に強くこだわっている理由もよく見えてきます。

そして、各民族は最終的には『般若心経の普遍的な世界観』によって一元論的に統合されるのです。ただし、未来に於ける民族とは今更厳密な血統を言うのではなく、地域性を含んだ文化を共有する集団を言うのです。むしろ、混血は民族にとって多文化交流の活性化の意味を持ち、自らの意志で、フラクタル共鳴を求める世界を創って行くのです。

血統を重んじてきたガブリエルですが、それは遺伝子操作のための管理上の問題でした。ですから、地球の現代社会における血統の問題は私が前に示した内容に一致していると考えて良いのだと思います。

ここで統合と言っても、二元論の世界の中で民族の境界が見えなくなってしまうわけではありません。民族は独自の文化を保ちながら、民族の独自性は尊重された状態で二元論に統合されていきます。そこまで進化した民族は、既にフラクタル共鳴の中に有り、最大限の祝福を受けるでしょう。当然、統合されない民族も出てきます。それはフラクタル共鳴しない文化として、消滅していきます。多少の痛みがあっても、自ら、二元論に統合されようとしなければ、統合はされません。痛みは人類の記憶に残ることで、フィードバックとしての十分な働きがあるのです。

ガブリエルはもちろん、イエスにしろ、ムハンマドにしろ、民族を育てながら地球人類として導こうとしていると感じます。それはつまり、宇宙人との関係に於いても同じであり、地球は地球の独自の文化を進化させながら二元論にまで到達すれば、フラクタル共鳴の中に宇宙人の文化とも統合されていくのです。

この書はイエスとのフラクタル共鳴から入って行ったので、地球の半分しか説明できていませんが、地球上には沢山の宇宙人の係わる民族があり、例外を探すことの方が困難です。

各民族はもちろんその意志があればですが、善悪二元論の価値観を持ちつつ、民族としての存続を保ちながら二元論に到達するまで進化し、二元論の下に他の文化とある程度の独立を保ちながら統合されていきます。

いよいよ、各民族は普遍的な世界観を内に持ちつつ、フラクタル共鳴を保ちつつ、独自性を発揮しつつ、地球の恒久平和のために生きるべき時なのです。

ここで私がとても重要と思うことを記しておきます。

預言通りの巨大な地球規模の混乱を通してなのか、それとも、普遍的な世界観を持つ賢い人達の働きにより、宇宙人の力を借りて全ての混乱は回避されて、或いは小規模の混乱はあったとしても、次の時代が来ることは確かです。

地球を統合する原理、宇宙のルールとはまさに『般若心経の普遍的な世界観』であり、そこから導かれる行動方針なのです。『未完成だった般若心経』（献文舎）が既に存在しています。

そしてそれは中東やその周辺ではなく、中東から最も遠い極東の地の日本から発祥したことが重要なのです。しかしながら、極東の地とは、敢えて彼らの視点からの位置付けなのであり、結局のところ、世界は最終的にフラクタル共鳴の中心地に回帰するのです。未来の歴史の大きな構造は既に予定として決まっているのです。

そして、日本が天の命《めい》に従い、フラクタル共鳴の中心であるためには痛みを伴う改革が必要であり、宇宙はその準備をしているのです。私の般若心経の解読もこの流れの中に有ります。このようなことは敢えて声高に主張しなくても、フラクタル共鳴に心身を委ねていることで、成るべき事は「じねん」の内に成るのです。


真実を言えば地球を統合する原理『普遍の世界観』と、そこに至る方法論は、私がそれを求めて修行した結果、得られたモノです。

言い換えれば、世界の思想は最終的にフラクタル共鳴の発する地に到達し、一元論に統合されるのです。これは決して予言ではなく、既に実績に成りつつあります。


私は、私の覚醒の体験を、般若心経の解読というプロセスを借りて、間接的に分かりやすく説いているのです。背景に有るこの真実を、決して無視してはなりません。

私の覚醒の体験を、敢えて強く前面に出さずに般若心経に置き換えて説くという手法をとったのは、何にもまして『普遍の真理』を属人化したくないことによります。

『普遍の真理』は私という「人」によって開拓された真理ですが、それを属人化しないということが重要なことなのです。

私を中心に属人化して表現すれば、個の私は既に存在せず、私が「有りて有る者。存在の全て。」ということになります。それはそれで正しい表現であり、決して間違いではないのです。

私はそのように表現することを望まないのですが、私に直接間接に係わる人にとってはこの方がフラクタル共鳴に入りやすいのです。

私の修行によって、フラクタル共鳴から生み出される『普遍の世界観』と、それを属人化を強調せずに記述した私の著書に関して、ガブリエルとグレイからのお墨付きを頂いたことは、私にとって、とても嬉しいことです。

「地球人類が『般若心経の普遍的な世界観』を学び、善悪二元論を一元論に結合し、それを成就した時に、地球の新秩序は宇宙人に並び、その時『般若心経の普遍的な世界観』は世界を指導する資格を有することになるのです。」

「そして同時に、先輩の宇宙人と交流し、普遍的な世界観を共通とする土俵の上で交渉することが出来る資格を得ることになるのです。」

ガブリエルからキリスト教徒へのメッセージ

ガブリエルから、キリスト教徒へのメッセージが示されたことが重要です。そのこと自体が、ガブリエルは、キリスト教徒への係わりを拒否していない事を示していて、バチカンに対しては係わりを拒否していて、メッセージが無いことと対比されます。

この事はガブリエルがバチカンとキリスト教徒を切り離してみていることを示しています。即ち、キリスト教徒は古い上着を抜き捨て次の時代に進化するようにと、ガブリエルは示唆してくれています。

ガブリエルのメッセージはグレイの発言と重複する部分がありますが、そのまま書きます。

「何を勘違いしているのだ。あなた方はイスラエルの民ではない。」「ヤハウエとモーゼの契約にあなた方は含まれない。」「イエスが、或る目的をもって、あなた方を選んだことはない。」「あなた方の信じているものは、決してイエスの教えではない。」「勘違いも甚だしい。イエスはイスラエルの民の救世主なのだから、その働きの邪魔をするな。」「あなたたちのためにこの地球が有るのではない。」

「ガブリエルとしてはそんな我が儘に付き合うことはできない。」

「あなた方は「根拠のない約束」に基づいて、「偽りの贈り物」を大事に抱え込んで、その「担い手」の目的に沿って生きてしまっているのだ。早くその欺瞞に気付きなさい。」

「しかし、あなた方をその様に育てた責任はバチカンにある。あなた方はバチカンの犠牲者なのだ。それを前提に私（ガブリエル）はあなた方に対応する。」「だからこれからは、状況を正しく理解し、イエスの本来の働きの邪魔をしないように。」「あなた方はバチカン、或いはバチカン由来のキリスト教各派を大切にするのではなく、イエスの主旨を大切にしなければならない。」「しかも、イエスの本来の姿を誤解してはならない。」

「バチカンが編纂した新約聖書はバチカンが勝手に自己都合で編纂した、バチカンによる「根拠のない契約」なのだ。ヤハウエもイエスも私も、原始キリスト教成立に係わった関係者の誰も、その契約に係わっていない。」「それを知れば根拠のない契約を破棄することが出来る筈だ。」

「しかしバチカンがどうであれ、間接的にイエスの言葉にも従った事は事実であり、あなた方はバチカンの創作した窮屈な独善の世界に閉じ込められつつも、そこに宇宙を投影して真摯に生きてきたことを私は知っている。」「その様な人はバチカンの欺瞞を知った後であれば、その真摯な姿勢で普遍の真理を求めることで、必ず新たな救われの道筋を発見することになる。」「今の「偽りの贈り物」の呪縛から離れ、イエスに対する間違った期待を捨てさえすれば、より本質的なところであなた方の願いが叶えられる。」「ここは潔く欺瞞を捨てて新たな道を探しなさい。」「もし、いつまでも欺瞞の中にいれば、それを見逃してしまうことになる。」

「私（ガブリエル）はあなた方がイエスを思う気持ちを大切にしたい。私（ガブリエル）はその気持ちを無視はしないだろう。」

「私（ガブリエル）を信じて私に協力しなさい。あなた方の力でイエスをバチカンとバチカン経由のキリスト教各派から切り離しなさい。」「イエスの立場を取り戻すことによってイエスに貢献しなさい。」「そうすれば、ここまで「偽りの贈り物と根拠のない約束の担い手」に協力したことによる罪滅ぼしとなる。そしてその事で、あなた方の新たな道が開かれ、あなた方のための新たな役割が与えられ、人類の未来に大きく貢献できて、イエス公認のあなた方のための共同体が生まれてくることになる。」「そのために、この書を読みなさい。」

この項目ではガブリエルはキリスト教とキリスト教徒を切り離し、キリスト教徒に対してのみ、このようなコメントをしていることが重要です。

【著者のコメント】

著者としてはもう一度この書の元々の主旨に立ち返り、イエスとのフラクタル共鳴の中からコメントする機会が与えられました。

私がイエスにお願いしていることは、バチカンがどうであれ、キリスト教徒はその信仰の中で真摯に生きてきたことを何とかして未来に生かせるようにすることです。

あなた方キリスト教徒はバチカンに騙されて「偽りの贈り物」を預けられた犠牲者であることから、私としてはイエスに直接コンタクトして、あなた方を先ず最初に救い上げていただくことを第一に考えています。それが元々のこの書の主旨でした。

そこでですが、今後バチカン改革を初め、ユダヤ教、キリスト教、イスラム教との三つ巴の深い対立と見えますが、今後バチカン改革が始まり、ユダヤ問題が明確になりさえすれば解決する問題であり、その時イスラム教の役目は成就し、これまでは暫定的な対立であったことが分かります。そしてそこからは新しい関係を構築することになります。

私はこれらの混沌の渦の中から最初に抜け出せるのはキリスト教徒なのではないかと思うに至ったのです。

つまり、あなた方キリスト教徒は一旦キリスト教という、これまでの自分たちの居場所を失うことになります。そこであなた方は新たな居場所を探し出さなければなりません。つまり、普遍的な世界観を探し出さなければならない場面に追いやられたことになります。

それは私から見れば普遍の世界観普遍の真理を探し出す千載一遇のチャンスであると言えます。

あなた方はバチカンに騙された反省の上に立ち、その体験をバネとして普遍の真理を追究する気持ちに芽生え、般若心経の二元論の世界を目標と定めて、やがてそこに到達することになると私は考えます。そのために私はイエスと共にその道を示し続けたいと思っています。

私はそのようなあなた方キリスト教徒には特別の期待を持っています。

あなた方キリスト教徒がこれから創り上げる道は、般若心経の二元論の世界との連絡通路なのです。その連絡通路は今後多くの人が歩くことになり、やがて太い道になります。その連絡通路は決して一つだけではありません。しかし、係わったユダヤ人もアラブ人も恐らくその道の近くを通るでしょう。

■ガブリエルはグレイの警告を足がかりとして地球人を導こうとしている

自分が敬虔なキリスト教徒と思っている人たちにとっては腰を抜かすような話ですが、それだからこそこの問題が顕在化する前に、私はイエスからのメッセージを受けて、キリスト教徒を救うために、そこに焦点を当ててこの書を著しているのです。

新約聖書の成立の過程そのものがイエスの主旨を無視し、イエスを裏切って『世界の救世主』にまで祭り上げたことから始まって、結局、「イエスの大犠牲によって成り立つ世界」にまで欺瞞は大きく成ってしまいました。そこには一片の真実も無く、嘘で始まったキリスト教はいまや欺瞞の塊であるのです。

この書をここまで読み進んだ人であれば、この宇宙人のメッセージは心の底からうなずけると思います。

中々この真実を世界に向かって発信することは、何かと大きな混乱を発生させかねません。ですからこのグレイからのメッセージは暗号のようにならざるを得ないのだと言えます。

この真実は私がこの書で説いたことと同じですが、私はその解決策まで書いているので、このグレイの警告メッセージとはとても相性がよく合致していると言えると思います。

上記のようにグレイは知的生命体（G）としてバチカンに対して警告を発していますが、一方ガブリエルとしてはそのバチカン問題の根源にある、知的生命体（X）として地球に最初に係わったユダヤ人に対して最後の警告をするのです。

ガブリエルから受け取る情報は強い口調ではありますが、怒りを抑えた言葉でした。以下はガブリエルからユダヤ人への最後の警告です。

ガブリエルからユダヤ人への最後の警告

特に、私（ガブリエル）の立場から、あなた方にお願いすることは一切無い。このままあなたたちを放置しても、何ら問題なく、我々の計画は予定通り実行される。

しかし、ここまでの係わりから、今後のあなたたちが、多少でも進化し、まともに生きていくために、ここは敢えて、人間的な善悪二元論の価値観に立って、歴史的な意味からのメッセージを伝える。私たちは決してこのような善悪二元論の立場には居ないが、あなた方にとっては、これは十分に重要な警告になる。これを深刻に受け止めるべきである。

「シナイ山における、モーゼとの契約は［第二弾の地球プロジェクト］の始まりであった。この契約に従って、私たち（ガブリエルとその仲間達）は、地球プロジェクトを実行していった。

やがて、秩序が大きく乱れ、精神が荒廃し、混乱するユダヤ人たちのために、しかも、その迷える実態に全く気付かないユダヤ人のために、私たちはユダヤ人の精神性の解放を目的として、『救い主』として、イエスを遣わした。」これは、私達（ガブリエルとその仲間達）から見れば、当然予想されたことであり、モーゼとの契約の時から、計画されていたことである。

「『イエスの派遣』に対して、あなた方がどのように対応するか、それはあなた方に任された。」「その後の運命の選択肢は幾つかあった。」「現実には、最悪の選択となった。」「あなた方ユダヤ人は、イエスを磔とすることで、明確に契約拒否の態度を示した。」「未熟なユダヤ人がする事は、織り込み済みであったが、それであっても、その後に、あなた方ユダヤ人が、事の重大さに気づくことを期待した。」「しかし、それに気付くことはなく、自分たちに都合の良い救世主を送れ、との身の程知らずの要求を民衆は支持した。」

「ここで、あなた方の姿勢は、ヤハウエとモーゼとの間で交わした契約の一方的破棄を意味している。」「あなた方は自ら、私たちとの関係を拒否したことを意味している。」「『自分たちの気に入るモノを持ってこい。』という、傲慢な態度には、私たちは永遠に同意しない。」「私達から見れば、あなた方ユダヤ人は契約違反の民なのだ。」

「そこで私たちとしては、契約を完全破棄するのではなく、暫く時間を置き、考える時間を与え、イエスを受け入れる最後のチャンスを残しておくことにした。」「頭を冷やせ、ということである。」

「結局ユダヤ人は態度を変えずに、契約は停止されたまま私たちは連絡を絶った。」「イエスの磔の後、小さく産まれたキリスト教のその後の経緯を見ていた。」「既に二千年が過ぎていった。」「その間に初期のキリスト教は変質しながら、やがてローマ帝国に取り入れられた。」「その経緯の中で原始キリスト教の主旨は失われ、同時にイエスを地上に送り出したガブリエルとその仲間達の主旨も目的も完全に失われてしまった。」「その時点で元々の原始キリスト教はその本質を失い、名前はキリスト教でもその実態は全く別物の「帝国の支配の論理」になっていった。」

「「帝国支配の論理」となったキリスト教は、もうガブリエルの関知するところではない。イエスにしても一切係わらない。」「キリスト教とは名ばかりで、その主旨は似て非なるモノとして現代にまで継続している。」「キリスト教は宇宙的な問題を起こしているが、バチカンとバチカン由来のキリスト教の事はヤハウエ、ガブリエル、イエスのものではなく、グレイに任せて背後から動いている。」

「ガブリエルとしてはバチカン問題の根底にあるユダヤ人の契約違反の問題を扱っていて、これをユダヤ人に認めさせ、関係を正規に戻すことを促しながら、同時に契約の完全破棄をも検討している。」「この契約拒否がその後のバチカンにより、キリスト教を生み出すことに繋がったのである。」「その両方の問題を解決するために私たちはグレイと協力し合っている。」「私たちとしては、この契約破棄問題をいよいよ見極める段階に来たと位置づけている。」「もし完全な契約破棄と成れば、あなた方ユダヤ人はヤハウエを無視したことになり、いくら聖職者の言うことに従ったところで、どんな意味があるのか。」「あなた方は、今更、ソロモン神殿跡の壁に向かって何を祈るのか。」「何が本質なのか。本質を見失えば、このような姿になる。」

「振り返れば、私たち（ガブリエルとその仲間達）とあなた方の関係は、私たちによる長期間の遺伝子改良とその後の「統治の論理」を与えたことに始まる。」「あなた方もそれを一旦は喜んで受け入れた。」「しかし、なかなか正しく伝わらないために、私たちから見て、それではあなた方にとって多くの呪縛と強制と、不必要な苦痛を生み出すことになることになっていった。ただし、それは折り込み済みなのだ。」「そこで私たちは次の契約の実践として、あなた方をより人間らしく進化させるために指導を入れ、過去を補足修正し、幾つかの呪縛と強制と苦痛から解放するために、契約を次の段階に急ぎ移行することにした。あなた方には間違って解釈している「統治の論理」の正しい解釈を示すことと、精神性の進化のための「救われの論理」を与えることに決まった。」「そこで、ユダヤ人限定の「統治の論理」の修正と、新たな「救われの論理」としての旧約聖書の呪縛からの「精神の開放と統合の論理」を与える目的で、イエスを送り込んだ。」「イエスは手を取り足を取り指導しているのだが、そこには精神性の開放を全く求めようとしないあなた方の哀れむべき実態が有った。」

「結局、あなた方はイエスを受け入れずに、当時も今もこれからも、被害者意識を大事に抱えて生きていくつもりらしい。敢えて被害者であることを望み、結果「思い通りになる宇宙の法則」により、「被害者が有利。私は被害者になりたい。」という、最も不幸な運命を創り出して、それを未だに続けている。

さらに被害者意識をバネにした、自己正当化の論理構築を発明し、危険な「統治の論理」を生み出してしまった。」「こんな卑怯な方法を、私はあなた方に教えた覚えはない。」「これは最低の民族の所業であり、既に民族の誇りを捨て去ったに等しい。」「わざわざ被害者になろうと努力している姿がそこに有る。」「この精神状態を「救われていない状態」というのであり、この上に自己正当化している姿を「苦しんでいる状態」というのだ。」

「まさに、それはあなた方の無知から来る、自分を見失った姿なのである。」「あなた方は苦しんでいる。」「しかし、あなた方は苦しんでいることにさえ気付いていない。」「自分たちが『救われるべき人間であると気付く』という段階は、高度な人間性に成長するための第一歩であるが、多くのユダヤ人はそこに達してはいなかった。」「一方で、あなた方の内なる声は救いを強く求めていて、その内なる声に応える形でイエスを遣わしたのである。」「今からでも決して遅くはない。その自分の内なる心の叫びを聴きなさい。」「当時のユダヤ人の姿と、今のユダヤ人の姿とは何も変わらない。つまり、まったく進化がない。」

「知的生命体（X）としては、［第二弾の地球プロジェクト］はモーゼとの契約に始まったが、ユダヤ人たちの傲慢さ故に途中で止まってしまった。」「しかし今、地球が危機にあるために、新たなプロジェクトを開始したところである。」「つまりそれが［第三弾の地球プロジェクト］である。」「そして、［第三弾の地球プロジェクト］はイエスの原罪消滅宣言に始まったのだ。」「原罪消滅宣言とはあなた方が考えている以上に、人類にとって、とても重要なことなのだ。」

「もしこの先、この書に示したイエスの原罪消滅宣言によってもユダヤ人が変わらなければ、そしてこの私（ガブリエル）の警告メッセージによっても変わらなければ、これを最後として、ユダヤ人による契約破棄を私たちも完全に受け入れることに成る。」「しかし、その結果に関係なく、私たちは、［第三弾の地球プロジェクト］を既に始動させた。」「この書の出版がそれである。」「モーゼと交わした全ての契約は既に停止状態にある。」「つまり、この警告メッセージが、ユダヤ人にとって先に自分で破棄した契約を復活させるための、最後に残された唯一のチャンスである。」「既に、「第三弾の地球プロジェクト」は別の地域で開始されているのであるから、今更ユダヤ人の動向は私たちのプロジェクトに影響を与えることはない。」「これはユダヤ人の今後の運命を決める事だけに関係する。」「これはユダヤ人のために、反省の機会を与える事と、その後の運命を決めるためにのみ与えているのである。」

「当然のことながら、今のままでユダヤ人の期待する、自分たちに都合の良い救世主などは絶対に現れる筈がない。」「あれから二千年経ってもまだ現れていないということは、それが私（ガブリエル）の回答であると知るべきなのだ。そこからガブリエルの意志、つまりヤハウエの意志を読み取るべきなのだ。」「実に諦めが悪い。」

「幼稚な救世主待望論を固執し、自分たちの都合に合わないからという理由でイエスを拒否した。」「このユダヤ人の契約違反の実態をありのまま理解すれば、自分たちの契約違反は明らかであり、もうこれ以上自分たちに都合の良いことが起こるはずが無いと認識するのがまともな人間だ。」「屁理屈を付けてイエスを拒否して、思い込みを固執する。」「この危険な思い込みがさらに運命を狂わせた。」「ヤハウエはモーゼの時はユダヤ人を助けたのに、マサダの戦いでは助けなかった。」「理由は明らかであり、直ぐに分かる筈だ。」「それでも意地を張っている姿を見ていると、その後の修行が未熟で、肝心なことで自らを謙虚に省みる精神作用を全く習得できていないことが明らかになった。」「これは遺伝子操作では直らない。遺伝子操作とは別次元の事である。特別に恵まれた環境の下であっても、内面を掘り下げる努力を怠ればこのようになる。」「この負の実績は反面教師として人類に貢献することになる。」「このままでは、ただ自滅するのを待つだけになる。」

「ただし、この書の出版が、生まれ変わる最後の機会をあなたたちに与える事になった。」「ユダヤ人よ。ヤハウエに謝罪して、いっときも早く自ら破棄した契約を元に戻すことを願いなさい。」「それが済めばその先には、この書によってイエスによる原罪消滅宣言として、「救われの論理」の完成形が示され、謝罪の済んだ人達は、正にヤハウエが用意した一元論の世界、つまり歓喜の世界に誘われることになるのだ。」「これが正に、あなた方ユダヤ人に最後に残されたチャンスなのだ。」

「それが出来れば、既に始まっている「第三弾の地球プロジェクト」に係わることが出来るかも知れない。そしてもし、それが出来なければ、係わることが出来ないというだけのことである。」「ユダヤ人の回答に関係なく、「第三弾の地球プロジェクト」は既に発動され、このまま実行されていく。」

「この、最後に残されたチャンスを生かすことが出来れば、ユダヤ人は変わることが出来る。」「その時、「第三弾の地球プロジェクト」に示される「救われの論理」の完成形は、ユダヤ人に大きく欠損している点を補うことになる。」「それは結局、自分を変えなければ何事も始まらないことを意味している。」「都合の良い時に救世主が出てきて、杖を振り回したら、一気に世界が変わる等ということは絶対にない。最終的に自分の意志で自分を変える以外に、世界が変わることは出来ないのだ。自分が変わらずしては何事も始まらないのだ。」「自分が変わるための指導書、それはこの書の根拠となっている『未完成だった般若心経』（献文舎）である。」

【著者のコメント】

フラクタル共鳴によって、湧き出すモノが止まらない

まだまだメッセージが湧き出てきて、とても止まりそうになく、ここからまだ長く続きそうな気がします。それならば、留めなく湧いてくる、メッセージをもっと積極的に捉えて、議論の経緯を残しながら、話のたどり着く先を見極めるまで、進めてみたいと思います。

ガブリエルの属する知的生命体（X）は、更に一万年前の古代からこの中東に宇宙船の基地を置いて、頻繁に宇宙との往復を繰り返し、ここからメソポタミアに至る地域を活動範囲とし、さらに地球の各地に拠点を置いていました。

これが、知的生命体（X）による、地球開発計画の準備プロジェクトでありました。この地球プロジェクトの結果を受けて、この計画はさらに継続されることに成り、モーゼとの契約に至ります。これが［第二弾の地球プロジェクト］の始まりです。従って、準備プロジェクトは、［第一弾の地球プロジェクト］と成ります。

さらにガブリエルの属する知的生命体（X）は遠い未来のために、ユダヤ十二支族の内の十支族に対して、啓示によって重要な使命を与えました。「日出《ひいず》る、地が途切れる東の端の、大きな池の縁《へり》の地」を目的地と示され、ここに向かって、東へ東へと移動していったのでした。それは、大きな池は日本海、縁の地とは日本列島を意味すると思われます。ソロモン王の死後、民族が分裂した時代です。

日本の初代天皇である神武天皇は「サマリアの王」という称号を持ちます。サマリアとは、古代・北イスラエル王国の都だったことがある地です。渡来した神武天皇は日本古来の、シュメール文明に起源を同じくする天孫降臨のアマテラス系の集団と合流し、以後の日本の歴史を作って行きます。

サマリアの王の受けた啓示により、十支族はフラクタル共鳴の中心地、日本を目指したのです。時代もピッタリ合います。これ以降も、海から陸から何波にも亘り、古代ユダヤ人や他の民族も日本に渡来します。その種の伝承は事欠きません。

ところで、読者にはっきり伝えておきたいことがあります。ユダヤ人渡来説が実証されたとして。もし、アーク（契約の箱）が石鎚山と剣山《つるぎさん》の近くで見つかったとして、それがどうしたというのでしょうか。アークから煙が出て、一気に世界が変わるとでも言うのでしょうか。私もアークに無関心ではありませんが、それは違うのです。最も重要なことは、つまりこの書の主旨は、そのような歴史に有るのではありません。さらに、イエスの原罪消滅宣言がこの私を通して成されたことが全ての始まりですが、私は「イエスが、」ではなく、「ガブリエルが、」でもなく、私は『普遍的な宇宙の真理』が何処にあるのか。私はただそれだけに、焦点を当てて、この書を著しているのです。

話しを戻して、シュメール文明を創ったガブリエル、即ち知的生命体（X）は、このように将来の布石を打ちながら、各地で地球人を育て、いずれ対等な関係にまで導こうとしていて、積極的に地球人に係わってきたのでした。

この計画と手法は、地球人に極めて友好的で、丁寧な支配方法であり、宇宙史の中でも特記すべきことであり、他の知的生命体からも、高く評価され、認められているのです。未開の地球人に対して、遺伝子操作によって進化を進めながら、教育もしながら、物心両面で極めて良心的で、思いやりに満ちていたと言うことが出来ます。

［第二弾の地球プロジェクト］に移行してからは、地球人の知的レベルが向上してきたことから、

ある程度、地球人に出来ることは地球人に任せて、その後は地球人自らの力で精神性を向上させる道を構築できるように、背後から導きました。知的生命体（X）は、［第三弾の地球プロジェクト］を準備しつつ、遠くから観察を続けていきます。

そして、この書の出版を契機として、いよいよ［第三弾の地球プロジェクト］が始まるのです。私達はここに係わることになります。

［第二弾の地球プロジェクト］では、モーゼとの契約の後暫くして、未来のためにユダヤ民族の一部の種族を切り離し、移住させ、過去の記憶を残し、教育を怠らず、時間を掛けて精神性の進化を待ちます。そして、精神性の進化が或る段階まで進んだこの時に、プロジェクトの完成を意味する［第三弾の地球プロジェクト］を実行に移したのです。

振り返ってみて、［第二弾の地球プロジェクト］では、先ずモーゼとの契約を交わし、その契約に則って行われる今後の方針をモーゼに伝えました。そこで最初に「統治の論理」を示し、次にイエスの時代に「救われの論理」を示すというように、計画に則ってかなり丁寧に地球に係わったと言えます。緻密な計画の下に、物心両面で地球人を育ててきたのです。

しかしながら、育てられる側というモノは勝手な判断をするモノで、なかなか素直に従おうとはしないものです。

残念ながら、現代のユダヤ人と言われる人達は、今更イエスの教えを受け入れ、救世主として受け入れるというのは、かなり遠い話であると思われてきます。

ここにユダヤ人へのメッセージを示しましたが、ユダヤ人として、その判断が出来る組織がどこにあるのか。血統としてスファラディーなのか、アシュケナージで良いのか、わずかに残る原始キリスト教徒なのか、いったい誰がユダヤ人の代表なのか、私には良くわかりません。ガブリエルが納得するユダヤ人の代表をどうやって探すのか。それが何処かに居てくれることを願います。

「未来を創っている次元を超えた世界」の話ですが、執筆中の現段階で、いろいろと未来世界からの反応はあるのです。この書の執筆は、私のフラクタル共鳴を通して宇宙に発信していることと、そこからの反応を実感しています。

最も嫌われそうなバチカンからは何故か「とても好意的な感謝の反応」がありました。イスラム教徒からは「一部不服という反応」がありました。しかし、上記に多少の説明を加えたことでその不服はなくなりました。理解を示し、受け入れたということと思います。そして、ユダヤ人からは「無視するという反応」です。

このように未来世界からは、ユダヤ人を除いて、それなりの反応はあるのですが、ユダヤ人からは全く反応がないという事は、単なる無視なのか、それとも、既に未来世界においては、地球に係るだけの力を完全に消失してしまっているのか、そのどちらかなのでしょう。

このようなユダヤ人からの手応えのない状況で、ガブリエルはこの先どうするのだろうか、もう契約の完全破棄しかないのだろうか。私はこの進展の無さに最悪のことを考えていました。

私は何度もガブリエルの気持ちを探ろうとしますが、教えてもらえません。「自分で考えなさい。」とこちらに矛先を向けられるのですが、「私が考えたって分かることではないだろう。」と開き直ってもみるのですが先は見えませんでした。どうしてもユダヤ人の未来が見えてこないのです。

ところがです。ところがですよ。私がガブリエルから回答を迫られ、早く回答するように追い詰められてみれば、追い詰められていくその先に「あっ、そうか。なるほど、そういうことだって有り得るのか。」と思われてきて、確かにそこには私なりの決定的な回答が有ることに気付くのでした。

確かに心当たりがあった

もうそろそろ執筆も終わろうというのに、突然この場面で、その決定的な回答にたどり着いてしまったことで、遂にそれについても述べなければならない場面に追い込まれてしまいました。

振り返れば、私は二七歳の時に霊修行が始まり、そこで、四つの天命啓示を受けました。その中の【第三の天命啓示】は正にこの場面の回答に、直接関わるものでありました。

それは「汝ソロモンの子、ダビデの子、ヘロデの子。」という啓示が与えられた霊験でした。それを思い出してみれば、朝方の目覚め近くの黎明の時に、いかにも中東らしい赤い山肌の荒野の中にこのメッセージが大きくこだまして聞こえてきたのです。今でも思い出せるくらい印象的な光景と声でした。

そこで、私がこの場面で【第三の天命啓示】に従えば、私が歴代のユダヤ王を代表してガブリエルの警告を受け取ることが出来るのではないか、と思いついたのです。

そのことで事が解決するのであれば、この書の出版は宇宙の経綸の中に有り、前もって計画された事柄であると言えます。それならば、その流れに乗って是非そうしたいと思います。

先ず私が【第三の天命啓示】に従って、ユダヤ人代表として、「イエスがユダヤの救世主であること」を私が認めれば良いことになります。それは今更私が認めるも何も、この書の内容は全てそれを意味しています。

つまり、私によるこの書の出版は、「イエスがユダヤの救世主であること」を明らかにすることそのものです。そしてイエスを磔にした責任者のヘロデもそれを認めていることを意味します。更に言えば、ヘロデさえ宇宙の経綸の中に有り、二元論の中で肯定されるのです。

まさに、このための啓示であり、このための出版であると思えたのです。

そうしてみれば、バチカンでさえ、二元論の中に肯定される道は用意されていることを示唆していると言えます。

以下に、私による【第三の天命啓示】の解釈を書いてみます。

日本人である私が、歴代のユダヤ王の血統を引き継いでいるとは、中々考えにくいのですが、ユダヤ人の民族移動を考えれば、無い話ではありません。しかし、ここで重要なのは血統よりも、霊系統であり、私がその精神を受け継いでいるとするならば、それは私の自覚としても有り得ることです。

啓示の中の最初の「汝、ソロモンの子」とは、それが一番最初に出てくる意味は、順番から言って、私はこの中でソロモン王に一番近いのだと言えます。ソロモン王の時代に、ユダヤ十支族は極東の日本に向けて移動していたことは今や史実ですから、その末裔が古代日本に到達している、という伝説は信憑性があると私は思っています。今も継続する天皇家の菊のご紋のシンボルはソロモン王のシンボルと全く同じであり、ソロモン神殿跡に今でも存在していることは有名な話です。

しかしながら、人間はしばしば血統を重んじますが、精神性の進化にとっては、血統ではなく、霊系統こそが重要であることを忘れないでください。それは、人間の肉体と精神性の多層構造の、どの部分を継承するかの問題です。

次に「ダビデの子」です。ダビデはユダヤの初代王朝であり、ソロモン王は確かにダビデの子です。

そしてしばしば「ダビデの子」とは直接イエスを指すこともあります。

私は五〇年前にこの啓示を受け取って、そして今、イエスから原罪消滅宣言の啓示を受け取り、そのイエスの教えの画竜点睛と言えるこのメッセージを伝えるために、この書を著しました。

そして最後に「ヘロデの子」とまで言われているのですから、そこではイエスを磔にした側の代表でもあるヘロデの子として、十支族以外の二支族の側でもあるということになります。「私は、イエスがユダヤの救世主であり、そして今、イエスの原罪消滅宣言を受け入れます。」という意味に成ります。いやはや、一人三役とは驚くばかりです。

しかし、確かに、この書を著すにふさわしい立場であることには違いないと思います。原罪消滅宣言には、イエスの教えを蘇らせるだけの、とても重い意味があることは明らかです。

私としては、【第三の天命啓示】を戴いた時から、いずれ、このような場面が訪れるであろうことは何処か頭の片隅では知っていましたが、逃げられない証拠を突きつけられるまでは無視しようとして、これまで五〇年間放置してきました。

しかしながら、「ここまで私の正体を見せつけられれば、もう逃げられないな。」と思い、「ここまで来ても、さらに逃げようとするのは不誠実なのだ。」「今が、受け入れるべきその時なのだ。」と覚悟しました。

しかし、だからと言ってそれを周りに主張する気には全くなれないし、ユダヤ人に対してそれを押しつける気にもなれません。これはどこまでも私のフラクタル共鳴する宇宙の中での出来事なのです。しかし知るべきは、意識の世界は物質の世界に投影されるという真実です。もし、この中に入りたいという人達がいれば、私はその人達にフラクタル共鳴を提供します。共鳴とはエネルギーの伝搬ですから、望む人達はこのフラクタル共鳴のエネルギーを受け取ることができるのです。そしてその時、その人達は普遍の宇宙を理解するのです。

私の宇宙とは、それは私のフラクタル共鳴に属する宇宙です。共鳴体には明確な区別はありません。共鳴するモノ全てで一つです。私は『実在』を共鳴の「核」として、フラクタル共鳴の状態にあるのです。これは宇宙そのものであり、私であって、既に私ではないのです。

それは私の到達した、最も広く深く、多次元多層構造でフラクタル共鳴する宇宙です。これは多次元多層構造の波動ですから、いかなるモノもここに取り込んで、それをフラクタル共鳴に変換することが出来ます。

私はこのフラクタル共鳴の中で【第三の天命啓示】を受け入れることにしたのです。ここは重要な記述なので、ガブリエルに確認すると、厳粛な回答が返ってきました。「この私が「啓示」を受け入れる場面では、決して善悪二元論の世界で記述してはならない。」と強い指示が返ってきたのです。

言い換えれば、これ以外の記述は断りのない限り、善悪二元論で記述していることを意味します。善悪二元論で記述した事柄は、最終的には一元論に書き換えなければなりません。それは、一元論の世界に入ってからのことになります。

読者の皆さんも十分気をつけてください。人間が『普遍の真理』に係わることに対して、つまり神様に善悪二元論の構図を当てはめてしまうと、知らずに大きな罪を犯すことになります。無知だから許されるのではなく、無知は常に危険なのです。

つまり、この書で示したグレイの警告やガブリエルのメッセージに関して、善悪二元論で解釈してはならないということです。緊張感を持って、一元論の中で解釈し、受け入れなければなりません。結果としてそれが、その受け取る人間の評価と分類につながってしまうのです。

ですから、ここはガブリエルからの強い指示を受けて、敢えてフラクタル共鳴の中に入って、一元論の世界から記述します。

それは即ち私はソロモンの子であり、ダビデの子であり、ヘロデの子である。

これらは全て、私の住むフラクタル共鳴の中での出来事なのです。『私はフラクタル共鳴の宇宙であり、フラクタル共鳴の宇宙は私なのです。』

二元論の世界の中では、全て自分のこととして、既に全肯定されているのです。『私は有りて有るモノ』『私は存在の全て』なのです。

それを私に係わる皆さんは、善悪二元論の現実世界において、一つ一つ確認していく作業をしながら、ここまで登って来ることになります。

先ず、それぞれの歴史の中での役回りの、現場の人達、即ち、それは例えばここでは「ユダヤ人たち」が、私のフラクタル共鳴の宇宙の中に入る事で全肯定される行程に入っていきます。しかし、それを望まなければ入れません。

そこで、今居る善悪二元論の世界において、自らの歴史を振り返り、謝罪し、感謝し、赦され、それを受け入れ、或いは過程を儀式として実践していくのです。そして次に、私のフラクタル共鳴の宇宙に、自らの意志で入り、一元論の世界に復帰することで、全肯定されることになります。そのことで「民族としての救われ」は完了します。

【第三の天命啓示】を私が受け入れたことで、ユダヤ人たちが共鳴すべきところをハッキリ示したことにはなります。しかし、このフラクタル共鳴は決してユダヤ人たちの占有する場所ではありません。勝手な自己中心の期待をしないように。

ガブリエルの最後の警告を受け取るユダヤ人代表としての、この私が「ユダヤ人たち」を受け入れることで事が足りるのであれば、私は喜んで彼らを受け入れ、この私が持って生まれた民族の役割に沿って、彼らと共に新しい時代を動かしていくという筋書きは用意しておきます。

しかしこれも、私のフラクタル共鳴の宇宙の中の、一部分の働きです。私は全世界の民族と共に、それぞれの民族が持って生まれた役割に沿って、彼らと共に新しい時代を動かしていく、原動力に成ります。

私はこの展開に大いに驚いています。

私にとって【第三の天命啓示】は部分の仕事です。私は修行を始めたときから、そして現在も、ユダヤを意識したことはありません。常に『人類愛の祈り』を祈り、私たち人類の恒久平和を求めてきたのであり、私は【第三の天命啓示】に限定されることを決して望みません。

天命を持って生まれたこの私の出来ることとは、『普遍的な世界観』を人類に伝える事であり、一元論に至る道筋を『自明行』として人類に伝えることであり、拙著『人間やりなおし』（献文舎）に示した『人類愛の祈り』を祈ることによって、そのフラクタル共鳴の中に人類を導く事です。ここで人類とは、決して地球の人類だけではなく、宇宙人を含む人類でなければなりません。

『人類愛の祈り』によって、私の発生するフラクタル共鳴のエネルギーは、全世界の人々による

『人類愛の祈り』に共鳴することで、一つの大きなフラクタル共鳴に成長していきます。このフラクタル共鳴さえ継続的に発生できれば、その後はそれほど困難は無く、「救われの論理」と「統治の論理」が「じねん」に浸透し、宇宙人との共存が可能となるような、人類の恒久平和が実現できることになります。

現実の善悪二元論の世界では、全てはこれからです。それは、皆さんと共にやっていくことです。皆さんの自覚を求めます。

そして一元論の世界では、既に人類の恒久平和が用意されていて、フラクタル共鳴の中で、そこに向かって生命活動を継続していけば良いだけの事です。

結局、私はこの書では、一元論の存在のみを示しましたが、その詳細については語りませんでした。先ずは善悪二元論の中で正しく生きることの努力の後に、その世界は来ます。

付録編　おわり

執筆を終えて振り返る

私の出番

これまで、私は何冊かの書を執筆してきましたが、この書ではこれまでにないような幾つもの不思議な体験の中で、全く予定しない展開となりました。

キリスト教への疑問から始まり、突然イエスとのコンタクトがあり、そこで新約聖書はイエスの主旨を無視したモノであることが明らかになり、そこに原罪消滅宣言まで成されて、そこでイエスからこの本を出版するように依頼されました。そしてついにはキリスト教だけでなく、イスラム教、ユダヤ教にまで言及することになってしまいました。

そこにさらにガブリエルの登場は驚きです。さらに加えてグレイによる警告ではバチカン問題にかなり深く突っ込んで行きました。

ここまで来ると、私はもうメッセンジャーであり、出来るだけ正確に意味を伝えようとすることに徹しました。そう思っていると、最後は私までが登場し、今度はメッセンジャーではなく、一つの役が回ってきて、今度は私の体得したフラクタル共鳴を地球人類に向けて発信するという、何かめまぐるしく事が展開する、ジェットコースターに乗っているような気分です。
結局、ガブリエルが深く係わったのは、モーゼ、イエス、ムハンマド、そして私、ということになります。

さて、私は何度か振り返り、いくつかの啓示が十分な意味を持って、出来るだけ正確に、有機的に結合させるためには、一連の啓示の順番を保存する必要があると判断しました。そこで、多少不整合を発生させ、さらにはその事でスマートさを欠くとしても、それを承知の上で、敢えて再構成をせずに纏めました。

ところで、実はここまで来ても、ガブリエルは私に対して不満の顔を崩していません。
私はこの書で、ガブリエルの言う「危機感」をより具体的に示せなかったということなのでしょう。読み返してみても、『Much PAIN but still time.』の部分を、具体的に示していないことに気づきます。確かに、危機感が足りないと思います。私は、ヨハネ黙示録の様に、天変地異を描写するような危機的表現をしませんでした。

ガブリエルは、そしてグレイも、いったい何が「人類の危機」だというのでしょうか。なかなか直接は教えてくれません。私に対して「自分で考えよ!」と言ったって、それは私が考えることでは無いのではないか、と思うのですが、それでも私は考えてみました。

比喩で示してみましょう。

猿山の猿が、時々里の畑にまで下りてきて、村人が耕作している農作物を荒らして、又山に帰っていくことを繰り返すとするなら、村人としては何か対策をしなければなりません。少しの作物が荒らされる程度であれば、電気柵を回すなどして我慢するでしょう。

一方、猿としては悪いことをしている気は全くないので、やがて猿のリーダーは計画的に、多くの猿を引き連れて畑に降りてきて、大規模に作物を収奪するようになりました。餌が一気に増えたことで、猿山の猿の頭数もかなり増加してきました。そのことで猿山の生態系は破壊されたことは明らかです。この状態を村人がいつまでも放置できないことは明らかです。急ぎ何らかの対策をとらなければならなくなりました。

もし、猿の中に小さいときに人間に育てられた猿が居て、人間の価値観を理解していて、その猿が、猿山を代表して、村人代表と話し合うことが可能であれば、村人は猿との話し合いをして妥協点を見つけるでしょう。しかし、そのような奇特な猿は今は居ないという現実に照らして、或る段階で猿の駆除計画が作られ、第一段階の方針を決行します。価値観を共有できなければそうせざるを得ないのでした。

猿を駆除するためにわざわざライフルを使ったり、毒の入った餌をばらまくこともしません。

計画の第一段階は、これまで定常的に行ってきた猿山の管理を中断し、樹木の手入れを中断し、土砂災害の防止の工事を中断し、猿山をしばらく放置し、生態系を自然の状態に戻すことにしました。

さらに里に下りてくる猿に対しては、爆竹を鳴らしたり、空砲を撃ったりして、「人間は怖い存在である」と、何度も猿側に伝え続けます。それでも、畑まで出てきた猿に対しては、これを駆除し、人間側の意図をはっきり示します。この処置で猿は畑まで出てこなくなり、猿山は次第に大自然の一部になり、猿はこれまでのように十分な餌を取ることが出来なくなり、結果的に、数年の時間をかけて、頭数を限界まで減らすことが出来ました。

人間から見れば、餌に見合った猿の頭数に制限出来て、生態系は元に戻り、計画は成功したことになります。

それを猿社会からみれば、不都合と見える出来事が幾つも発生し、複合的に幾つもの不運が続きます。それを猿たちは大きな痛みと受け取るでしょうが、生態系全体からみて、今の猿の進化段階においてこれが一番適切な状態なのです。当然その事で猿の社会形態も大きく変わりました。

そして村人側の第二段階の長期計画として、猿との意思の疎通の実験が進行していきます。その結果はまだ出ていません。

読者の皆さんは、この比喩の文章から、是非「ガブリエルの怒り」を正しく、重大にくみ取っていただきたいと思います。

さて、ここで私からガブリエルに重大質問を投げかけることにします。

それは「『グレイからの警告』は、確かにバチカンのキリスト教を「偽りの贈り物」とし、「新約聖書」を「根拠のない約束」とし、その内容を欺瞞としたモノですが、実は同じ警告は、ユダヤ人に対して、つまり、旧約聖書の民に対しても言えるのではないか。」というものです。

「ユダヤ人からは何の反応もないし、イエスの磔の後の、ユダヤ人の行動と、その歴史は、契約を無視した欺瞞の歴史であり、それは契約違反であり、つまり、「破られた約束」であり、契約は明確に解消すべきではないか。」ということです。

さらに、提案を兼ねて質問を続けます。

地球の未来を創るに当たって、過去の問題が、尾を引いている状況を打開しなければなりません。

そこで、今更旧約聖書を聖典として捉えるのではなく、歴史書として人類の貴重な遺産として残すことにするのが良いのではないでしょうか。

そこで私は、私の受けた【第三の啓示】をガブリエルに認めてもらえたのですから、私はガブリエルと共に、そしてあるときはガブリエルの代理として、私の命の続く限り、活動したく思います。

そして、ユダヤ人には、ガブリエルの歴史的な実績の、その運用を間違ったユダヤ人に責任をとってもらいましょう。適切な時期に、私からユダヤ人に説明します。

今後は、ガブリエルの協力を得て、私の説いた『未完成だった般若心経』（献文舎）を前面に出して、過去の歴史や価値観をこの中に統合しましょう。そして、統合されずに残るがん細胞のような存在は破棄しましょう。

今後、地球の未来の構築のために、この普遍的な世界観を人類に伝えて行きたいと思います。そして私はガブリエルと共に、ガブリエルに表に出ていただいて地球側を代表し、グレイを宇宙連盟の代表としてしばしば会合を持ち、宇宙人と協調していけるように宇宙に貢献していく道を模索しながら地球の進むべき道を確立していきたいと思います。これが私からの提言です。

そして私からのお願いとして、ガブリエルの明確な意志表示をいただきたく、それによって多くの人達が納得して、宇宙に調和する地球の未来を創って行くことが出来ると思います。

自分の正体が分かった

ここまできて、最後の最後にガブリエルから、締めのメッセージを受け取りました。「ここに示した原罪消滅宣言に基づくあなたの提案こそ、［第三弾の地球プロジェクト］である。ガブリエルの子よ。」との事でした。「えっ、ガブリエルの子？」「成るほど、そういうことだったのか。私は、ガブリエルの子だったのだ。」と、ハッキリ思い出したのです。「私はやっと自分の正体が分かった。」と、そこにとても安心するモノがありました。

私にとっては「汝、ソロモンの子、ダビデの子、ヘロデの子」と言われただけでは、長い間、それを正面から受け取ることに躊躇があったのですが、「汝、ガブリエルの子」と言われた事で、私にはストンと腑に落ちるものが有ったのです。私はこれに納得しました。この「納得」は一瞬の事なのですが、それを以下に順序立てて記述しておきます。

既に記述したように、古代日本の地では最初にシュメール文明起源のアマテラス系とソロモン以降のユダヤ人との出会いがあって、その後もユダヤ人は数百年に亘り、万人単位で海や大陸経由で次々と日本に渡来しました。その習慣や言葉や文字やダビデの星や天皇家の菊のご紋などから、直ちに同胞であることを確認し合い、その出会いを喜び、共に協力して日本の礎《いしずえ》を創りました。それはイエスの生まれる数百年前から、紀元後数百年までの出来事です。

この歴史的背景に立って、「汝、ソロモンの子、ダビデの子、ヘロデの子」を文字通り解釈すれば、私は「ヘロデの子」でもあることから、失われたユダヤ十支族だけではなく、ヘロデ系統をも含めたユダヤ全十二支族の全てが日本に渡来していて、そこに係わっていることになります。

イスラエルに残留した一部のユダヤ人は、イエスを拒否し、「神との契約」を無視しましたが、ガブリエルは、それを見据えて布石は打ってあったのでした。そしてその布石の上に、私は「ガブリエルの子」であることを、ここに謹んで受け入れるのです。

それはつまり「十二支族を統括するガブリエル」の「その子」としての私は、今日本に居て、無自覚のままユダヤの伝統の上に生きていて、今イエスから原罪消滅宣言の啓示を受け、さらにイエスの教えと般若心経の一元論を結合したのです。この事の意味は、一元論の中にイエスの教えも、そして般若心経の原点となる仏教の、その原点となるヒンズー教さえも取り込んでいる事を意味します。ヒンズー教に関して、私は全く詳しくありませんが、ベクトルとしては般若心経をそのまま理解できる『普遍的な世界観』を持っていると思っています。

イエスの原罪消滅宣言の啓示は、ガブリエルの最後の切り札である事が分かります。ガブリエルはその様な壮大な計画を持って、シュメール文明の民をここまで導いてきたのです。今やガブリエルはシュメール文明の総仕上げとして、日本人を中心に纏めると決めています。

確かに、振り返ってみれば、もう既に、日本にはユダヤ王の伝統を継承する天皇が、司祭としての頂点に現存して居られることは、何とも驚くべき事です。司祭とは地上から天に向かってフラクタル共鳴を求める「登る道」を意味します。さらに天から地上に向けてフラクタル共鳴を伝える「降りる道」が重なってフラクタル共鳴することで、天と地は調和し、一体化するのです。天皇の存在は人類の宝です。世界の民族はこれを模範として、「登る道」を創っていけば良いのです。「登る道」は複数有って良いのです。ですから、私達は今から新しい統治のシステムをゼロから作るのではなく、今有るシステムを現代向けに一部改良すれば良いだけなのです。そして何よりも成すべきは、その歴史を我がこととして捉える、我々日本人の自覚の問題となったのです。

日本人の自覚が或る段階に達し、世界からも確認できるまでに至れば、「登る道」と「降りる道」のフラクタル共鳴を確認する儀式によって、宇宙的に立場が確立することになります。ところで、私は「ガブリエルの子」として「降りる道」で、「登る道」を支えます。

ここまで記述してみて、私は確かに「ガブリエルの子」であり、成るほど、「日本人こそユダヤ人だったのだ」と納得できます。

現代のイスラエルのユダヤ人は契約違反しておきながら、未だに自分たちがユダヤ人の主流だと思っているようですが、ガブリエルは既にイスラエルのユダヤ人を相手にしていません。ですから、私達は「契約違反を無視しているユダヤ人」を今暫く無視して良いのです。彼らが反省し、ガブリエルに従うのであれば、大いに歓迎し、受け入れましょう。

日本のユダヤ人こそ、ガブリエルが、「ガブリエルの子」と共にこれからも指導していくユダヤ人であると気づき、私はそれに納得したのです。私達は敢えてユダヤ人と名のる必要もなく、「ユダヤ人と根を同じにしている、シュメール文明以来の、ガブリエルに導かれる日本人」との理解で良いのです。

ガブリエルは、常に表には出ずに、背後に回って、モーゼをイエスを、そしてムハンマドを育て、そして今は私を背後から動かしている陰の指導者だったのです。そして今「ガブリエルの子」として、私が啓示を受けて、その啓示に従って、日本から動き出したのです。

立ち止まって考えてみれば、私に対してはガブリエルがなかなか回答を直接示さず、「私をガブリエルのフラクタル共鳴の中に追い込んで、その中で私の思考と私の言葉による回答を引き出させた」ことがよく理解できます。これは前編で私が説明した二極性フラクタル共鳴なのでした。

ガブリエルは、私を「ソロモンの子」と位置づけ、ガブリエルの啓示に従って渡来したユダヤ人に、ガブリエルの意志を伝えるユダヤ人の指導者として。そして次に、「ガブリエルの子」として、宇宙人との関係に於いての、地球で生まれた宇宙人側から地球人を導く側の指導者として扱ってくれていて、私に地球人としての意志を示す、決定権を与えてくれていると伝えられました。滅多なことで啓示を受け入れないこの私が、これほどのことを、この場面で躊躇無く受け取れていることに、私自身が驚いています。

このような一見遠回りに見える経緯からは「地球人のことは地球人が決めるのが原則だ」というメッセージを読み取るべきです。ガブリエルは、そしてグレイも、地球人に何かを命令しているのではない。という重要メッセージなのです。そこまで理解した時、やっとガブリエルは私に「微笑み」を見せてくれました。

私はその微笑みを見て、ガブリエルの、あの「私に対する不満」の態度の意味は、決して危機感の説明に対する不満だけではなく、私の「自分の天命を自覚しようとしない、姿勢そのもの」に対する不満だったのだ、と理解できたのです。このようなガブリエルとの貴重なやり取りによって、私は、私に与えられた立場を確認することができて、自らの進むべき方向性がかなり絞られて見えてきました。イエスの場合には近くに洗礼のヨハネがいて、ヨハネによってイエスの天命を知らしめる形式をとりましたが、私の場合は、最初に「四つの天命啓示」によって自らの天命を示されても、それを正面から捉えずに、五十年間も放置していたため、その天命を自覚するためにガブリエルが登場し、ガブリエルの指導により徹底的に追い込まれ、遂に自ら納得して自覚することになったのです。私としては、このガブリエルの登場が無ければ一切動けなかったと思います。

さて、地球側に宇宙連盟と交流できる組織を創らなければなりません。私なしで動けるようになるまでは、私は一人二役で行かざるを得ません。

しかしながら私は、さすが「ガブリエルの子」だけあって表に出るのは好きではないので、組織を作った後は、遠く古代ユダヤから継承された日本の伝統の文化を尊重して、その流れを組む儀式や伝統を育てつつ、フラクタル共鳴によって背後から導き、一部内部の修正もします。

私は宇宙連盟と聞いてから急に「ガブリエルの子」としての自覚が内から突き上げてきて、地球に生まれた「ガブリエルの子」としての私の立場から、「地球文明の体験的考察に関する報告書」を宇宙連盟に提出しなければならなかったのだ。という強い気持ちに駆られました。忘れていた宿題を突然思い出したような気持ちです。そこで、急ぎ巻末に「報告書」を纏めて、掲載することにしました。

やるべき事が絞られたことで私は動きやすくなりました。これからもフラクタル共鳴によって宇宙との一体を確認しつつ行動し、地球人代表としての私の判断を、私は重要視します。ただし、私は滅多なことで判断をしません。私でなければならないことのみ、判断します。宇宙連盟の側も、地球人の意志としての私の判断を重要視してくれるのです。私はこの地球に於いて、地球人に全ての価値の源泉となる『普遍的な世界観』を伝え、その下に世界の秩序を再構築し、宇宙人と共通の世界観に立って交流し、共に宇宙の生命活動の一環を実践していく覚悟です。

終わり

宇宙連盟への報告　第一報

地球文明に関する緊急報告と、危機脱出のための提言について

2020年5月18日
報告者　空 不動

緊急事態と判断し、地球の現状に合わせた『統治の論理』を中心に纏めました。その概要を急ぎ纏め、この中で私が地球人に対して示す具体的な方針について報告します。既に公表している『救われの論理』と共に、ご意見があれば是非ご指導の程、お願いいたします。尚、この報告書は地球人にも読んでもらうつもりですので、彼らにも分かるように多少の補足説明を入れました。私のＰＣから連絡通路を通して送りますので、お受け取り下さい。

●地球の危機的状況

私は地球で生まれて、地球の統治について観察し続けましたが、現時点で我々（宇宙連盟）と地球人の間に共通の基本的価値観を見いだすことは難しいと判断します。しかし、天からの応援、つまり宇宙連盟の下、私とその仲間達による今後の活動によってそれが可能となるまで努力を怠りません。必ず成功させます。

地球人は未だ目覚めず、多くの地球人は「宇宙で唯一の高等生物」という傲慢な考えに縛られています。宇宙人の概念も存在しますが、それは未だ人類の思考に影響を与えるほどの現実的存在には成っていません。

今後、我々宇宙知的生命体が地球人に対して最初に働きかけるべきことは、いっときも早く宇宙知的生命体と地球人との様々な交渉における共通のルールを構築することです。

それを我々から最初に提案するのではギャップがあり過ぎるので、地球人側から、彼らが納得できる範囲でたたき台を提案してもらうのが適切と考えます。そしてそれに我々が手を加え、さらにそれを我々が受け入れるか否かを検討することになります。

もし、地球人側から我々が受け入れ可能なものが出てこなければ、我々としては、地球人を支配的に制御しなければならない場面に至ると思われます。そうならないように、地球人に対して出来るだけの働きかけをします。　↖

そしてその前に、地球人に対しては宇宙の真理に基づく共通の『普遍的な世界観』を地球人の力で確立することを強く要請しなければなりません。私は今回は地球人として生まれていますから、担当の私が、その原型をこれまでの修行を通して既に提案して地球人に示しています。

今のところ反応は鈍いのですが、これから次第に受け入れる人達が多く出てくると思います。私は地球に送り込まれた使徒として、周囲の人々と協力して、新しい地球の文明を構築するための普遍的な価値観を構築していきます。今後とも、お力添えをお願いいたします。既に原形は出来ているので、如何に普及するかに掛かっています。

●有効な統治システムを持たない地球

地球には地球全体を統治する組織は未だ存在しません。国際連合が存在しますが、これは地球を統治する組織ではなく、第二次世界大戦の戦後処理システムであり、当時の勢力図がそのまま残り、今は破壊寸前です。従って、国連の働きに地球の未来を期待することは全く不可能です。やるべきはこれを解体し、新たな民主主義国家を主としたメンバーによる、新たな組織構築が急務です。

地球は、二百近い国々から成り、多くの国々は、民主主義国家を目指していますが、民主主義国家は国民の利害に直接流されやすく、明確な国家理念で行動をとることが難しく、なかなか統一行動が取れません。

地球にはそれ以外に、幾つかの異なる体制を持つ国々が存在しています。現状、有効な国家間のルールは無いために不安定であり、混乱は続いています。

地球を国単位で見ると、一部には、未進化な知的生命体によくあるような、典型的な専制政治が一部に残っていて、周囲に害毒を振りまいています。

ところが、それが小規模の国であれば、それは周囲から抑制されていますが、巨大な人口を抱える国が、経済力も持ち合わせて、時代遅れの専制政治を創っていて、しかも核兵器を持ち、周辺諸国に覇権的にふるまっています。この国の国家理念は民主主義に大きく劣りますが、形式上は理念も方針も整っており、それだけに危険極まりない状況が続いていて、強い反共鳴であり、宇宙の利益に大きく反して、強引で不純な屁理屈で成り立つ未進化な統治システムとなっています。極めて危険です。そしてその危険を察知できない人々や国々も多く、地球の勢力図が大きく塗り替えられつつあります。

この地球をそのような暗黒の時代に戻すようなことを決して許すわけに↖

はいきません。この国の覇権主義的活動は、社会主義から移行していった体制であり、未だに一党独裁であり、専制的であり、日に日に危険が増大しており、その国の人民（国民）は完全に政府に管理され、過《あやま》てる民族主義を植え付けられ、思考を強力に制御されていて、今後の予断を許しません。今後注意深く警戒しながら見守っています。この危機を回避するには、宇宙連盟の力を借りなければならないと思います。急ぎ検討をお願いします。

この国に地球が支配されれば、地球文明の質は一気に低下し、歴史は数千年後退します。そして、このような私の活動さえ、弾圧され、地下に潜らなければならなくなります。人類はこの国の崩壊と解体は宇宙的必然と考えます。もし、地球が宇宙連盟に参加できるまでに成れば、しばらくは宇宙連盟の管理下に置き、分割統治するのが適切と思います。

●民主主義の発祥

一方、千数百年に及ぶキリスト教支配の下で、封建的支配から自ら脱した西洋、及び後に新しく開拓した大陸に於いては、民主主義を発展させました。しかし、広い意味で、この民主主義もキリスト教文明と言えるでしょう。

近代から現代において、このキリスト教文明の中から生まれた民主主義のシステムは確かに人類の壮大な実験であり、それ自身は高く評価すべき事と思われます。しかしながら、それを現段階で評価すれば、理念は確かに分かりやすくて良いのですが、単純化し過ぎたために数々の矛盾が噴出しています。そしてこの矛盾に乗じて専制政治の国家が台頭してしまい、民主主義国家を駆逐する勢いです。そのことを、最初に重大危機的事態として報告しなければなりません。

民主主義の国々は自由と平等を旨とし、広く世界の民族を平等に受け入れ、科学技術を発達させ、世界をリードしてきました。それだけではなく、科学技術を囲い込むことなく人類の共有物として、広く世界の国々に提供してきました。このように民主主義が、世界の現代文明の中で普遍的な価値であろうとして、公平な人類共通のプラットフォームとして存在し続けた事実は、最大限に評価されるべきです。

ところが事もあろうに、この人類普遍と思われたプラットフォームに参加せずに、これを利用だけしようとした国があって、そこに独裁主義の専制国家が育ってしまいました。この国が専制国家であることは初めから明らかでしたが、このプラットフォーム上で育てば、何れ民主国家に生まれ変わるであろうことを期待して、世界中の国々はこの発展途上だった専制国家を育↖

ててきたのです。それにもかかわらず、気がつけば勢力を拡大し、覇権的な行動を続け、今やこのプラットフォームの長所を悪用し、自らの独裁政治の拡大にのみ利用する実態が明らかになり、今や巨大な化け物と成って世界の嫌われ者となっています。このことが今、地球の重大危機を招いています。

この報告書を提出するのが遅れましたが、上記の地球の危機状況に鑑《かんが》みて、私は地球人を以下のように導く計画で既に動いています。事後となりますが、ご確認いただけますように、お願いします。

民主主義は地球人が発明した統治システムであり、未だ多くの矛盾を抱えていますが、今後十分に修正し、改良する余地が残っていると思います。そこで今後地球人が我々宇宙連盟に参加できるまでに導くために、『普遍の世界観』に基づく『真の価値体系』をこの民主主義の発展展開する延長上に構築します。

地上からは「登る道」が進化し、さらに天からは「降りる道」が同時進行していくことで、「じねん」の原理の中に様々な理念が多層構造に配列される、多層構造価値体系が構築されていくように導きます。

異なる考えを持つ人達が同じ集団の中で生きることは、人間にとって苦痛なのです。ですから同じ理念を持つ人々、同じ価値観を持つ人々、同じ世界観を持つ人々が一つの集団を創り、多層構造に各文化が緩い横の関係を持ちつつ配列されます。それがそれぞれの「登る道」を通って一元論に結合します。今結合しなくても、結合する計画に沿って活動します。一元論に向かわない人は自然に淘汰されます。

一方で「降りる道」については、地球人一般に伝えるのにはまだ早すぎるので、時期が来るまで詳しく説明することを避けますが、私が指導し、覚醒した人達を育てて、同時並行で「降りる道」から「登る道」を応援します。ここで「降りる道」について、重要な一点だけを取り上げて言えば、それは「登る道」に対するフィードバックとしても作用するということです。ただし、決してそれだけの意味ではありません。

「登る道」と「降りる道」において、フラクタル共鳴を発するためには私が提唱する「人類愛の祈り」を伝えていきます。もちろん、この祈りに限ることではありません。

そこまで行けば、宇宙連盟も多層構造ですから、地球人として宇宙連盟の或る階層に参加させていただいて、地球上に宇宙連盟の下部組織を置くことが出来ると思います。私はいずれその下部組織となるような、暫定の組織↖

を構築し、ここから地球人に働きかけます。ご許可の程、宜しくお願いします。

独裁政治が行われている国では先ずは民主化することが重要であり、それ無しには今後の地球の発展はないし、ますます危険な国となります。
現状の民主主義の持つ幾つかの根本的矛盾とその改善策を含めながら、以下に示します。

現状では、地球人の信奉する民主主義に代表される価値体系は、我々の価値体系と比べれば極めて単純化された幼稚な価値体系であり、そのままではとても我々には通用しません。共存は困難と思われます。
今や民主主義のいくつかの伝説を抱えています。「民主主義は単なる手続き論である」と割り切って考える人もいます。ですから、「民主主義の手続きを踏めば、それは正しい結論なのだ」というのです。民主主義が完璧なシステムであるとの盲信が背後にあって、そこから生まれる神話です。これは実に困ったことです。民主主義の中ではどの理念も平等であって、「理念が間違っているから、手続きが正しくてもそれは間違いだ。」とは言えないのです。ですから、地球人には「民主主義は不完全である」との共通認識が必要です。そしてこの不完全な手続きを運用する場合には、暫定処置として、法律の解釈の幅を許容幅いっぱいまで広げることで、少しでも真実に近づける努力が必要です。

●民主主義の矛盾

民主主義の前提には「個々の人間を自由であり、しかも平等である」としたために、「自由」と「平等」という相矛盾する概念を、あたかも同時に存在するかの如く議論されます。多くの人々は自由と平等とは矛盾した概念であることを認めようとしません。それ故に、その議論は一向に収束することなく、最終的には議論に依ってではなく、多数決に近い形で決着を付けることになります。

その結果、個々の善悪の判断の平均が全体の正義となってしまいます。様々な発達段階の人類の中で、正義はごく限られた少数に局在している事に一切気づかずにいるのです。一部それに気付いていてもそれを無視し、大多数の意見に従うことが民主主義という正義なのだと言わんばかりです。

当然、我々（宇宙連盟）の価値体系は宇宙の真理を投影しているので、↖

必然的に多層構造の価値体系となります。つまり、人間の意識構造は多層構造であり、各人の意識が、そして個々人の意識も、決して一つの平面にのみ分布するモノではありません。しかし地球人の民主主義においては全てが自由で平等で、極限にまで平面化された構造であり、この平面構造の中には原理的に多層構造の宇宙の価値体系を表現することは不可能となってしまいました。ここが致命的です。全てはここから多くの矛盾が発生しています。

ただし、民主主義は一見人間至上主義に見えますが、キリスト教文明を背景として生まれたことから、西欧諸国の民主主義の背景には常に「神」の存在が厳然としてあります。これを見落とすわけにはいきません。理念上は平面構造であっても、実際の運用においては、実質的には平面構造の上に神の存在が有る二重構造になっているのです。これが有るために、キリスト教国の民主主義は案外運用がうまくいった面も有るのです。これも見逃せない事実です。

ところが、民主主義を後から受け入れたキリスト教国ではない日本などの国々は純粋に人間至上主義として受け入れてしまい、その運用において、画一的になり、機械的になり、価値の平面構造を理想と考え、何でも自由平等と解釈したために、多くの矛盾を生み出してしまうことになりました。ですから、民主主義の矛盾はキリスト教国以外で大きくなったと言えます。

平面的価値構造をどのようにいじり回しても、このままでは矛盾が吹き出てきて高度な価値を持つ文明は破壊されていく方向にあり、今後、ここに高度な文明を植え付けることは、ますます難しくなってきています。地球では人間の命さえ、そしてその精神さえ、この平面構造の価値体系の中で語られます。ここは致命的です。

さらに、平面構造の価値体系であるために、しばしば個々の利害の判断の平均や、個々の好き嫌いの平均までもが全体の正義と判断されてしまいます。

つまり、ここでは利害と正義不正義が混同され、区別が付いていないのです。

さらに、しばしば民主主義は個の自由と平等を追求したために個人主義を尊重し、結果として全体を重要視する全体主義と対立としてとらえられています。

民主主義では全体を語ることが悪でさえ有ります。これは異常なことです。

そしてしばしば、否、常々から、民主主義社会では個を尊重し、個を強↖

調する余り個の利益が全体の利益に勝ることになり、個に優先する全体の利益を大きな声では語れなくなってしまいました。

ここでは常に個と全体が対立しているのです。個人主義としての民主主義は全体主義と対立すると考えられてしまいました。従って「一人の人間の命は地球より重い」という、極端な内容の格言まで生まれていて、それを妙に納得している人達が沢山いることに驚かされます。

民主主義では、人間の意識構造が多層構造であることが議論の前提にはなっていません。言葉だけが重要と考えています。ですから、地球人は表現された言葉の額面だけで議論します。地球人は自分の意識が発するベクトルを感知する能力がかなり低い事を知らなければ、地球人を理解できません。彼らは言葉の額面にしか関心が向かないのです。議論では証拠を重要視しますが、意識の作用は証拠になりません。内面を正しく表現しようとするのではなく、如何に被害者意識と自己正当化に成功するかにのみ心血を注ぎ、それをきれい事の言葉に塗り替えて、平面構造の中に貼り付けていきます。この作業を論理性と勘違いしていて、空虚な議論が延々と続きます。このような虚構の議論は、聞いているだけで本当に疲れます。

地球人は未だこの矛盾に気付いていません。中には気付いている人がいるとしても、それが大きな力にはなっていません。我々も、このような空虚な議論をする地球人には余り近づきたくないと思うでしょう。

●議会制民主主義の抱える問題

さらに、具体的に政治形態の中の民主主義を観察してみると、地球特有の矛盾が見えてきます。

議会制民主主義を実践してみると、実際には議会運営に有効なフィードバックが掛っていないことが分かります。これはシステムとして破綻状態にある事を意味していて、それをそのまま運用を続けているので、非常に疲れる議論が成され続けています。理念が異なる側との対立が何処までも続き、それが根本的に解決することはありません。

政権を運営する側の理念と外部の反対する側の理念が根底から異なっていて、いつも理念の対立を隠したまま、その対立構造が決して解決されず、対立構造こそ民主主義という迷信にとらわれています。国家理念に反する理念であっても堂々と存在していて、議論は理念ではなく枝葉の出来事で成されます。

何よりも、これまでの議会制民主主義の歴史の中で、議論の結果互いに納得して合意に至ったケースを私はいまだ知りません。

理念と理念の対立という決して解消しない問題を常に抱えているのが、地球における議会制民主主義です。この状態は我々には決してあり得ないことであり、このように決して解消しない問題を抱えたまま、理念を隠した攻撃が目的の議論だけが続きます。この姿を未来を担う子どもたちに見せて恥ずかしくないのでしょうか。子供たちに対して、「議論はこのようにするのだ」と、手本を見せているつもりなのでしょうか。これではまともな文化文明は育ちません。


特に、私が日本に住んでいて為政者に同情せざるを得ないこととして、政府を倒そうとする反政府側の立場をとる長年の野党の勢力の利益が、外国の反国家勢力（敵）の利害と一致してしまい、そこに野党と敵側との暗黙の、或いは地下の協力関係が生まれているのです。さらにここにジャーナリズムが加わります。政府側は理念の異なる野党と、隠れた敵国と、後に示すジャーナリズムと、そのジャーナリズムが創る世論の、これら「四者」と、常に戦わなければならなくなっています。この「四者」の存在が、為政者にとっては巨大な壁となっています。

この国の例で示しましょう。この構図が、軍事外交面では実に深刻な事態を引き起こしています。民主主義国家に対抗する某独裁国家に於いては、反共鳴そのものの、間違った意味での独裁的多層構造体制を創っています。この中で民主主義国家がいくら「平和平和、平和が大事」と言っても、それは某独裁国家の軍事力の増強を許し、自らの国の軍事力を抑制することにしかなりません。常に、事の善し悪しは単純ではありませんが、「軍事力のバランスが崩れた空白に、新たな危機が発生する事実」は地球の歴史が語ることですから、その歴史的教訓を無視するのは愚かなことです。その当然な事をこの「四者」は、平和を盾にとって「政府は戦争に突き進んでいる」と批判し、軍事力の増強に強く反対します。これは某独裁政権にとっては実に都合が良いことで、この国が平和を唱えることが彼らの戦いには常に有利に働きます。

宇宙連盟から見ても、「軍事力の空白が地球上に生まれること」を決して望んではいないことをここに明記しておきます。


民主主義国家の政権はいつもこの「四者」との戦いを強いられているのです。この状況を我々から観察すると、実に不安定な、危険な姿と見えます。↖

改良しなければなりません。

私は宇宙連盟の下で未熟な民主主義を、しかし可能性に満ちた民主主義を今後さらに進化させ、理念を明確にし、その理念の下に有効なフィードバックシステムを導入し、宇宙で通用する価値体系にまで導くように、この私がこの書で提案しているのです。

一方、今ある独裁国家は全くもって論外で、この国の統治システムは全くフィードバックが掛からず、逆向きに間違いを増幅してしまう作用を持つので、一本道を行き着くところまで行って、そこで自ら崩壊するしか無いのですが、それでは時間がかかるし犠牲が大きすぎます。


民主主義国家は自らの弱点をよく知り、敵のしたたかさを正しく認識して、彼ら以上の論理で対抗しなければなりません。そのために、自らは正しくフラクタル共鳴する多層構造価値体系を構築するしかないのです。私はその方向で、地球人を応援し、導くのです。


今のところ、民主主義国はこのような危機的状況にあっても、議会制民主主義はそれを解決する手段を持ちません。平面構造にしたために、そして国家理念によるフィードバックが存在しないために敵と味方の区別が出来ないのです。目の前の敵を敵と言えないのです。本当は敵が誰かを知っていても、議論は別次元で成されるので解決には至らないのです。何しろ「平和」を大事にするのは、議論の上では敵側なのですから。

これは、与党と野党の大多数とで国家理念が共有されていないことにより、議会制民主主義のシステム上、有効なフィードバックが掛かっていないことを意味することは明らかです。しかしながら、まともな野党も存在することも記しておきます。

理念が対立していることは直ぐに発見できます。政府側がどんなに良いことをしても、野党は決して評価をしません。常に反対意見ばかりを言います。それがフィードバックに矛盾していることを知らず、それが良いことなのだと勝手に納得しています。これは原理的に言ってフィードバックではないのです。これでは、政権は政権破壊の勢力と戦う構図を創っている事になります。政権を持っている政府は、政権外の野党にフィードバックを求めるのではなく、政権内に理念を共有する最も強力なフィードバックシステムを構築すべきです。民主主義の改良の成功は、これに掛かっていると言っても過言ではありません。これで為政者も安心して敵味方を見極め、国民に向かうことが出来るでしょう。

正規のフィードバックシステムにおいては、たとえ表向きの発言が政権打倒の野党や外国勢力と一致しても、ここでは理念が対立しているので、フィードバックシステムは機能していません。理念を共有してこそフィードバックシステムは機能することを「フィードバック理論」として地球人に知らしめます。

地球人には原理的な事として、民主主義のような平面構造的価値体系ではなく多層構造価値体系であれば、一つの面の中では対立していても他層からのフィードバックが掛かり、フィードバックシステムは機能することがあること。そして現実の宇宙は多層構造価値体系ですから、人間の力を超えたところでフィードバックシステムは機能していること。この場合であっても対立が強すぎてはならないこと。弱い対立であれば、多層からの作用としてフィードバックは掛かっていることも事実として伝えて行きます。

更にとても重要なこととして、平面構造だけで考えてしまえば「間違い」であっても、多層構造で考えれば「正しい」ということは沢山あること。そして平面構造では「正しい」としても、多層構造では「間違い」ということも沢山あること。

複雑な事象は全て多層構造の判断が優先されなければならないこと。もちろん、どちらで考えても「間違い」という場合も沢山あり、今の民主主義は平面構造の価値体系であるために、これらを区別するのがとても困難なシステムであること。改良が急がれます。多層構造に改良することを伝えます。

●ジャーナリズムの位置づけと重大問題

地球における民主主義には、暴走する政権に対する抑制機構と自ら称する勢力、それはジャーナリズムと呼ばれ、政権にもの申す機構として存在しています。キリスト教文化の歴史的経緯から、民主主義はこの徹底した「善悪二元論の性悪説」から成り立っていて、その事が最終的に民主主義を不安定にしていると言えます。この「性悪説」が民主主義の根底に有って、ジャーナリズムと、それに教育された国民は、この「善悪二元論的世界観」に支配されていると私からは見えます。

ジャーナリズムを自称する人は口癖のように言います。「過去には国家権力が暴走して戦争に走った」と。本当にそうなのでしょうか。私から見れば、「過去にはジャーナリズムが国民をけしかけて、ジャーナリズムが暴走して、ジャーナリズムが国民をあおって戦争に走った」との記憶はあるのですが。

ジャーナリズムは国家権力を否定することが主たる目的となっています。↖

不思議な人達です。その姿勢こそ、国家権力の監視役たる存在と信じているようです。

　特に問題と感じるところは、ジャーナリズムの中でも特にテレビや大新聞のようなマスコミは、第一に国民のための情報機関なのですから、勝手に情報を選択したり、勝手に解釈する前に、マスコミが咀嚼する前の、政府の発する正確な情報を国家の理念の中に位置づけて、国民に提供することに徹するべきです。その上でなら、マスコミが自分たちの意見を、たとえそれが違った理念からの意見であっても、その理念の立場から解釈して報道することに十分な意味があります。この順番と原則を守らないことによって、マスコミ各社のそれぞれの理念に反する政府側の、しかし国民にとって重要な情報が恣意的に抜け落ちてしまいます。

　初めから政府批判では、国民から見て批判が先に目に入り、何が元々の主旨なのかが分からないまま批判に同調させられているようです。情報がバランス良く提供されないために、国民が自分の立場で判断する機会が奪われています。フィードバックシステムの無い、野放し状態のマスコミは危険です。地球には情報の順番とバランスをチェックする機関が必要でしょう。民主主義国家といえど、正常な思考環境は創られていません。現実にはこの異常状態に国民が慣らされていて、批判の中から真実を選び出そうとする知恵も少しは付いてきていると言えます。このようなジャーナリズムを批判するジャーナリストも確かに存在します。異端のレッテルを貼られていますが、地球にとっては貴重な存在です。


　私は地球の民主主義と称するシステムを見ていて、実はジャーナリズムこそ、国家の抱える問題よりも重大な問題を抱えており、国家運営の不安定要因になっていると判断しています。

　ジャーナリストを標榜する彼らは、暴走する国家権力に立ち向かう存在として意気込んでいますが、ジャーナリズムそのものが暴走していることに気付こうとしていません。

　私は、ジャーナリズムこそ、ジャーナリズムの間だけで理念と理念の戦いをすれば良いのだと考えます。結論は決して出ないでしょうが、国民には参考になります。議論している内に自ずと自分の立場は明確になってきて、国民から見ても理念の選択範囲が広がると思います。その内に主旨を変える事だってあると思います。それは隠すことではなく、進化であり、自ら堂々と表明すべきです。自ずと世界観の違いが明確になり、平面構造から脱して↖

多層構造化して、高さ方向に分離して行きます。そこに理念の進化を期待出来ます。

ただし、自らの理念が自分で自覚できているか否かは別問題です。理念は言葉で表現できるとは限りません。さらに、理念をその通り実践しているか否かは別問題です。自分の言動と行動の結果から、自分の生きる理念を発見することさえ珍しくありません。


国会議員になるには選挙を通過し、国民の審判を受けなければなりませんが、ジャーナリストにはカメラマンと同じで、誰もが成れるのが地球です。自らそう自称すれば良いだけです。国家に対しては芥子粒ほどの矛盾を突いてその責任をとらせようとしますが、自らの過ちに対しては実に無責任であり、決して責任をとろうとしません。

国家システムにジャーナリズムとしてのフィードバックが必要であることは当然ですが、それと同時にその厄介なジャーナリズムに対しても、より優れたフィードバックが必要であることを彼らに知らせなければなりません。

民主主義国家の特徴とも言える三権分立の制度はキリスト教文化の中で、長い封建時代の体験から、統治者の力を制約するために発明された独裁政権が育たないようにするための優れたシステムです。

三権分立の国家では、ジャーナリズムは第四の権力と呼ばれていますが、自らが主張するように「政権に対するフィードバック」であるためには、国家理念が共有されていなければなりません。これは原理的な事です。もし、理念を共有されていなければ、それは単なる政権否定であり、それはフィードバックではなく、ただの否定であり、破壊勢力に成っていることを決して知ろうとしません。破壊勢力は国家にとって敵以外の何ものでもありません。破壊勢力がいくら政権を抑制しても、原理的にフィードバックにはなり得ないのです。

当然、これからは理念を共有している本来のフィードバックシステムを開発しなければなりません。

一方、独裁国家は三権分立の制度を持たず、むしろ三権合立、さらにはジャーナリズムまで取り込んだ四権合立であり、民主主義国家とはその理念を異にし、独裁がやりやすくするシステムですから、政権に制御が掛かっていないどころか、反対に政権何でも推進システムです。平面構造のまま民主主義の国が、このような独裁政権の国と戦うことは極めて不利です。そのためにも民主主義国家は、急ぎ『普遍的な世界観』に基づく多層構造秩序に↖

進化し、高度な理念を一致させて独裁体制の国と戦える仕組みにする必要があります。

● 言論の自由だけではダメ

フィードバックシステムとしての地球のジャーナリズムを検証します。

言論の自由が保証されていても、偏向の自由があってはフィードバックとは言えません。これも原理的なモノです。つまり、ジャーナリズム自身にも当然強いフィードバックシステムが必要であり、ジャーナリズムにこそ最も性能の良いシステムによるフィードバックが必要だということを知らしめなければなりません。

さらに、現代のジャーナリズムには自身に対するフィードバックがまったく存在していません。為政者に対しては性悪説で、自分に対しては性善説で、ただ言いたい放題言うだけのことです。それが言論の自由として保証されているのです。確かに、言論の自由は必要ですが、実践してみるとそれだけでは足りないことが分かってくる筈です。ジャーナリズムのまねごとをして、自分が今、為政者を批判しようとして気付くことは、こちらには批判するに足るだけの十分な情報を持っていないということです。断片の情報で批判すれば、それは的を外します。国家運営に関する情報には当然秘密もありますから、多くの情報を網羅的に持つのは為政者なのであり、もし正しい判断を出来る人がいるとすれば、それは為政者なのです。ですから、ジャーナリズムは安易に結論を出さず、為政者に自分たちの収集した重要な新情報があれば、それを提供し、その上で、先ずは為政者に判断を求めれば良いのです。それが正しいフィードバックです。もし、為政者が自分と理念が異なる敵側だと判断するなら、その時は敵だと宣言して情報は隠し、相手の矛盾を突くことに生き甲斐を感じれば良いでしょう。

そして何故か、ジャーナリズムは、敵対する国家権力側に対しては、決して言論の自由を認めず、気に入らないことを決して言わせません。つまり政権はジャーナリズムを批判は出来ないことになっているのです。それは権力による言論の抑圧だからと言うことらしいのです。

ジャーナリズムにだけ言論の自由があっても、ジャーナリズムが主張することには、その時代の言いやすいことだけを言い続けます。ジャーナリズム自身が、その傾向以外のことを言わなくなってしまいます。その絞り込み効果によってジャーナリズムの主張に偏向が生まれ、その偏向の自由を蔓延させてしまいました。国内の政権に向けては居丈高に叫びますが、それが言↖

いやすいことだからであり、一方国外の敵に対しては借りてきた猫のようであり、媚びを売ることさえ珍しくありません。少なくとも敵を敵と定めるべきです。それさえ出来ずに敢えて公平ぶって「どっちもどっち」という曖昧な姿勢を示し続けている多くのジャーナリスト達は、結局は臆病で、内向きに成って、「命がけでモノを言っていない」ということであり、それはちょうど、あの戦争に導いた時と結局は同じ姿勢であり、決して国益に立っていないことを意味しているのです。

国民はその偏ったジャーナリズムの中で考えなければならないのです。偏向とは即ち「嘘」であり、平面構造だからこそ、事象の切り取りによって発生する現象です。事実を事実の通り表現するには一元論に到達し、多層構造価値体系に至らなければならないのです。

結果的に、ジャーナリズムは国家側の利益に立つことが難しくなり、反政府側の発言こそがジャーナリズムであるとの強い傾向が生まれ、国民はジャーナリズムの発言を知識人の意見として受け入れ、世論を創っていきます。そしてこの偏向した世論が現実の社会を創っており、実に不健全な思考環境であると言えます。民主主義の限界がここにも有ります。現状は「四者」によって創られる国民の思考環境は著しい偏向の状況にあります。いつの世も、世論が真実ではありません。しかし世論を敵に回しては先に進みません。この世論を創る一人一人がジャーナリズムの呪縛を受けていることを自覚しなければなりません。もし、「私は決して呪縛されていない」という人がいるとすれば、それはもう全く自分を知らない人と言えるのです。

「為政者は権力を行使し、国民から搾取する悪の存在」という亡霊を排除しなければなりません。「四者」が創る歪んだ思考環境と戦わなければなりません。この戦いを強いられる平面的価値構造の民主主義を理念とする為政者には同情を禁じ得ません。しかし、私はこの民主主義の平面構造価値体系から出発して、多層構造価値体系に至るまで改良していくと決めたのです。

私から「四者」に対して、理念を明確にすることを求めます。そして追加して彼らに伝えなければなりません。自らの発言には最終的に自ら責任を負うことになることを。そして最終的には運命として責任をとることになることを。宇宙の法則はそのように成っていることを知らしめるべきです。この他層からのフィードバックを強めることを、宇宙連盟本部には是非ともお願い致します。

そして確かに小数派ですが、ここに示したようなジャーナリズムの矛盾に気付いている人は存在するのです。貴重な存在です。　↖

●統治のシステムにおけるフィードバックシステム
地球の各国家の統治システムは、システムである以上もっと有効なフィードバックを検討すべきです。否定とフィードバックは全く異なることを知るべきです。否定ではないフィードバックを開発する必要があると、私は常に地球人に伝えています。
現行の民主主義のシステムを改良して、フィードバックシステムを効率的に導入しなければなりません。フィードバック活動と反政府活動とは、理念を共有するか否かで明確に区別し、その区別と所属を自他共に明らかにさえすれば、反政府と言えど、その存在だけは許されて良いと考えます。

その実現の一例として、現実をデジタル世界にコピーしたバーチャル国家を作り、バーチャル世界の中では反政府活動は勿論、革命でさえも許されるとします。バーチャル世界は多世界宇宙なので、矛盾することを同時に実現できるのです。その結末の確認も、未来の世界を評価することで可能となります。最終的に、フラクタル共鳴に至るモノのみが存在することになります。私は今、これを実現すべく動いています。

今、地球の民主主義のシステムは何らかの改良が迫られています。多くの問題を抱えてはいますが、独裁国家のシステムよりは十分に良いと言えます。

結果的に、被選挙民は票の獲得のために行動せざるを得ず、票に振り回されがちであり、妥協が入りがちになります。さらに選挙民は、長期の利益よりも短期の利益に引きずられ、しかも「個の利害」と「事の善悪」との区別が付かず、混同してしまうという、重大なシステム欠陥があることに気づきます。
このように選挙システムは多くの矛盾を抱えます。現実には、民主主義の平等の原理から、問題に関わりが強い人も弱い人も同じ一票ということも再考を要します。これでは結局は平均値、しかも短期利害の平均値しか得られないのです。求める真実は平均値にはないし、そんな短期的なところにもないのですから。結果として、民主主義は国民が短期的に求める損得の平均値に真理があると言っているのです。
ただし、「現実問題として、地球に於いては個人個人の票の重さが定量的に評価できないから」という理由で、実際には平等にせざるを得ないとするならば、それは理解できます。ですから、ここで必要な認識は「民主主義という手続きは暫定処置なのであって、決して完全なシステムではない」と↖

いうことを互いに認識する必要があるのです。不完全なシステムを完全なシステムと誤解するところに、多くの問題が発生しているのですから。我々の持つ、フラクタル共鳴による統治とはほど遠いと言えます。

●過去の歴史の呪縛を受けている民主主義

地球人に対して伝えたいこと。それは民主主義の価値体系が平面構造であるために、この中に宇宙の多層構造の価値体系を表現することは不可能であることです。かつて、キリスト教文明の下の封建制度から抜け出すために、既存の縦構造価値体系を否定し、そのことで大きな破壊力を生み出し、既存勢力を打破するための大いなる力を発揮しました。

さらに民主主義は、歴史的経緯から社会主義や共産主義の理念をその内に取り込んでいて、「民衆は可哀相で、罪のない無辜《むこ》の民《たみ》であり、権力側は常に民衆を搾取してきた」という歪んだ歴史観を引きずっています。

民主主義はこのような理念を受け継いでいるために、次に同じ論理で縦構造の秩序を作ろうとすると、忽ち多くの障害にぶち当たり、多くの困難に直面します。

このように、民主主義の平面構造価値体系は内部に縦構造の秩序を創りにくく、統治システムとしては未完成の状態です。

ここで私から地球人に対して言いたいことは、過去に間違った縦構造社会があったとしても、過去にどんな困難があったとしても、「平面構造の価値体系では宇宙の秩序を表現できないのだ」という真実を理解しなければなりません。宇宙は多層構造であり、その精神性も多層構造であり、従って価値体系も多層構造になります。つまり「人の進化の度合いは皆同じではなく、それぞれ違いがあり、多層構造に分布する」のです。

恐らく地球人の多くは無意識のうちに、「人は皆同じであり、人はそれぞれ違うと言ってはいけない」と思っているのです。従って、その違いが秩序や価値体系にうまく反映されずに、平面構造の、実につまらない価値体系を作ってしまうのです。

特に現行の民主主義は人間の精神の多層構造を無視しているため、その弊害は特に大きいのです。従って解決策としては、地球人の生み出した民主主義は大きな可能性を持っていることを信じ、先ず平面構造価値体系から出発して、多層構造価値体系に向かって進化させるのです。

そのために『普遍的な世界観』を学び、それを民主主義のシステムに反↖

映出来るように、少しずつ多層構造価値体系に改善していくこと。それ以外にありません。

●人類の体験を無駄にしない

民主主義だからこそ、私はこのような活動を表立って出来るのです。民主主義を高く評価し、その上で改良を進める必要があります。一方、過去に人類が体験した一党独裁の社会主義や共産主義は過てる縦構造秩序であり、今でも世界では嫌われていますが、それは当然のことであり、反面教師としてのみ人類に貢献しています。

しかし、せっかく人類が体験した事を少しでも未来に生かすために、危機対応や計画経済の良いところを、範囲を限定してうまく民主主義社会に生かすことは可能と考えます。それが過去の不幸な独裁主義の体験をも、現代に生かす一元論に通じる道と思います。

例えば、民主主義であっても、社会の緊急事態や危機的場面では全体の利益を最優先に考えるが、平常時には大いに個の自由を保障するとすれば良いと思います。全体が緊急事態に襲われているのに、それを個の立場から、全体の混乱を無視するのはあり得ないことです。下等な動物や昆虫でさえ、全体の立場という概念を持っています。人間だけそれを無視することは宇宙の真理に反しています。今後は、全体という人類全体を優先的に考えるのは当然ですが、そこに宇宙人を入れなければ、人類は大きな混乱を生み出します。そして宇宙人は、全体の中に既に地球人を入れています。全体を敵視し、個に固執する地球人を宇宙連盟から見れば「地球の人間達よ、一体あなたたちは何様なのだ」と言われてしまいます。無知こそ傲慢であり、その罪は重いのです。

民主主義を改良し、そこに宇宙の秩序を投影するまでに進化させるためには、組織を構成する人の意識の改革が必要です。組織の立場は勝ち取るモノではなく、天から与えられるモノです。さらに、組織の流動化を推進すべきです。常に改良し、常に人事が流動していれば、一部に利権が貯まることを避けられます。改良は統治システムのみならず、資本主義社会の経済システムにも及びます。

一部の計画経済の導入を提案します。貨幣制度の変更も期待されますが、それは直ぐの導入は無理でしょうから、先ずは現行経済システムにおける改良を進めます。現実社会には、低所得者と高所得者が存在しています。今の経済システムでは当然のことです。そのことの善し悪しはここでは述べま↖

せん。その上で、低所得者の生活と雇用を守るために一部計画経済を採用し、しかもそれを各自の自由意志で選択可能とすることで、国民の経済的底辺の生活を守ることが出来ます。世の中の急変にも対応可能です。

さらに、原理的に自由経済の活動を放置すれば富が偏在し、高額所得者と巨大企業は、全体計画がないまま地球規模での活動にまで発展してしまい、有限な資源の取り合いになります。それは大変危険であり、現在もその状況にあります。今や地球の人口は限界まで増え、地球は狭くなってしまいました。このまま経済活動を際限なく継続出来ないことは、既に明らかです。この危険な状況を無視すれば、間違いなく地球環境を破壊し、理念のない富の局在を招きますから、国を超えた「全体」という視点からの、確かな理念の下に規制のルールが必要になると思います。当然、その理念は『普遍的な世界観』から導かれるモノであるべきです。そのような国家理念は絶対に必要です。


例えば、民主主義国家の中に有っても、経済的に不安定な下層の一割にはベーシックインカムを導入し、上層の一割には計画経済を取り入れ、残りの経済的中間層の八割は、完全な自由主義経済の中で経済活動を活発に行うようにすることで、地球の未来にまで亘って安定的に経済活動を継続できます。安定的と言っても全体の枠についての制約は当然必要になってきます。やがて、平面構造社会から多層構造社会になれば十分可能です。経済力で多層構造を創るのではありません。何処までも理念に依るのです。真理を体現している人達が最も上層に至ります。ただし、何処が頂点なのか、そのことを誰も知らなくても良いと思います。隠す必要も無いと思います。

国家の統治システムとしては、『普遍的な世界観』から生まれてくるモノでなければ、宇宙時代には全く意味を持ちません。常には権力を持たない人格、それは即ち国家理念の象徴が天命として存在していることが重要です。

その『国家理念の象徴』が国家の中心に存在して、その国家理念を受領した国民の代表が国を治める様式が、究極の優れたシステムと言えます。

国家理念の象徴は国民の選挙で選ばれるのではなく、「天が定めし人」でなければなりません。そのことを知った人のみが、この秩序に導かれます。


その人は『普遍的な世界観』を体得した人か、体得しつつある人でなければなりません。その人はそのために生まれてきた自覚があります。継承は世襲でも良いし、世襲でなければならない、ということでもありません。もし新たに定められるのであれば、当然そこには啓示が有るでしょう。人間の↖

作ったルールや、人間の考える納得性に縛られてはなりません。「成るべき人が成る」のです。

●教育システム

現状の民主主義と言えば、人は皆、等しく、完全であり、平等であり、無辜の民であり、権力に搾取されており、その支配と搾取から逃れるためには、この善良な民が集まって、正しく議論すれば、正しい答えが出来て、正しい統治システムを構築できるとの前提で成り立っています。それは違うのです。一人一人は皆違うのです。『普遍的な世界観』を教育によって学び、精神性を進化させなければ、正しい政治にはらないのです。

味噌もクソも一緒に扱う平面構造の価値体系の矛盾に気付き、多層構造価値体系を構築すれば、そこには当然『普遍の世界観』を教える教育システムが必要になります。これは急がなければなりません。

先ず何よりも、地球人は宇宙の秩序を学ぶための教育システムを作らなければなりません。今私は、そのための準備はしています。

未来のために一般化して言えば、人々は教育システムを作り、『普遍的な世界観』を学び、修行をしつつ、多くの人材を育て、フラクタル共鳴を発生させるのです。そして、その人達の祈りによって、人智が入らない工夫をして、人間の勢力関係から離れたところに、祈りによって、フラクタル共鳴が発生し、宇宙の意志を聴き取る人達が必要になります。それは人選ではなく、「天命として定められた人を探し出す」のでなければなりません。この事で地球人が地で行う政《まつりごと》と、天の理念と方針を地にいて受け取る人がいて、初めて天と地が調和し、未来永劫、安定的な恒久平和が生まれるのです。

フラクタル共鳴に至る人達は今は少数ですが、地球プロジェクトにおいては大量の人数によるフラクタル共鳴が必要になります。

●国家の危機対応

さらに統治システムにおいて、宇宙人との関連性が深く絡んできて、人智での決定が出来ない時、或いは人智で解決できない国家の危機においては国家理念の象徴の名において、国民に対して、国家機関に対して、判断と命令ができることが、最終の安全弁として作動するようにすることが重要と思います。

人間とは、様々な事象における価値判断に於いて、なかなか自らの損得から離れられず、自らの損得を切り離せないまま自らの利害に沿って結論を↖

導いてしまうという、実に厄介な特性を持っています。

ですから、議論の場に於いては、この人間の持つ困った特性から生じる弊害を何とか阻止しなければなりません。


そこで議会は二院制とし、その一院では経済面を主体とし、個々人の利害、及び組織の利害、国家の利害を、敢えて善悪から切り離して、損得のみの議論が成される様にすべきと思います。そしてもう一方の一院では、人類の立場に立ち、国家理念に立ち、人類と国家の長期的展望に立つ議論が、事の損得から切り離して正しい善悪の判断に立って成されることが、フラクタル共鳴に通じることになります。当然後者の方が優先されます。そのためにも、事の損得は、前者で、善悪にリンクせずに議論されるべきです。つまり、経済効率を追求しつつも、最後は理念によって決定することができることが重要です。

形だけ二院制でも、前者と後者それぞれの主旨の違いを反映させなければ何の意味もありません。

人間は、「個」で生きているようで、実は「全体」としても生きているのであり、その事を忘れて「個」の自由だけが無制限に進行することは大変危険であることを知らしめます。

現代の常識である「人間だけが皆平等で、そこに差別はない。」とするのはどのような世界観に基づいているのでしょうか。その世界観の中で、「何故、猿と人間は平等ではないのでしょうか。」それを真剣に考えれば、答えは出ます。地球人はこの問いに応えて欲しいと思っています。

●個と全体との調和した姿を求める

現代の常識を離れ、『普遍的な世界観』に照らして考えれば、最終的に「個」が最も重要なのではなく、人類として生命活動を展開する中で、人類としての活動が最も重要なのであり、「個」は「全体」の中に位置づけられます。「個が地球より重い」という事は絶対に成り立たないことを地球人に知らしめます。個と全体は切り離せません。個人としての個は、横の関係のみで人類社会を創っているだけではなく、人類は個の寿命を越えて過去につながり、そして未来までつながっています。全体とはそのことでもあることを知らしめます。

さらに、今の問題として「人類が経済効率を求めた結果、人間による生態系への無秩序な進出を招き、それが感染症を爆発させている」との地球の↖

専門家の見解を共有したいと思います。文明論的立場から、社会システムを根底から考え直す時期でもあります。そのためには、『普遍的な世界観』に戻って、新たな回答を導き出す必要があります。

地球人が生み出した民主主義は人類の知恵であり、今後に大きな可能性を持っています。平面構造という単純化をしたために様々な矛盾を生み出していますが、ここさえ『普遍的な世界観』から導かれる多層構造秩序に改良すれば、人類独自の優れた価値体系と、統治体系が生み出されると思います。私はその方向で地球人を導き、そのために活動します。よろしくご指導の程、お願いします。

私は、地球の歴史的経緯から考慮して、地球人が生み出した民主主義を出発点として、近未来の「統治の論理」にまで到達するように指導するのが適切であるとしました。その過程で、地球人の多くがフラクタル共鳴に至るまでになれば、私は覚醒した人達を集めて、私の著書で述べている「完全からの出発」による「統治の論理」を生み出し、実践します。究極的に、両者の「統治の論理」は一致しますので、最終段階で統合させます。地球人は「完全からの出発」による統治システムを全く知らないのです。これは時間を掛けて知らしめます。これに関しても、緊密な宇宙連盟からのご指導とお導きをお願い致します。

●宇宙人との対等な交流

今や、国家の統治だけではなく、人類としての地球統治がこれからの重要課題になってきますから、そのためには、さらに純化した『普遍的な世界観』を根底に、あたかも都市国家の連合のような姿の地球の未来を描くのが適切と思います。

最初、現状を大きく変えずに、先ずは現実の民主主義国家群が広く標準として存在し、その標準の国家群の下側に、強制的に潰す訳にもいかないので、専制政治体制や一党独裁国家を条件付きで存続させます。何故なら、独裁体制を禁止しても決して従わないでしょうから、ひと工夫が必要になります。それらには時間をかけて民主主義国家まで進化するプロセスを整備します。さらに、民主主義国家群の上には『普遍的な世界観』に基づく個別の理念を持つ多層構造価値体系を体得した国家が存在させるのが、地球にとっては現実的であると思います。

以下に図示します。図は三層構造になるので頭の中に描いて下さい。地↖

球の現状から、地球国家を作るには早すぎると思います。それは未来に置いて、今は共通の国家理念を持つ国々による緩やかな有志連合が適していると考えます。そしてその国家理念の中に『普遍的な世界観』をしっかりと盛り込むことが出来れば、フラクタル共鳴が発生することになり、その様な国が増えれば地球は安泰となります。全ての国々がそうなればそれに越したことはありませんが、現実はそう甘く有りません。

そこで、従来に近い民主主義という平面構造の価値体系の母集団があって、全ては一旦そこに属しています。その外側の下の層に独裁体制を置き、母集団の面対象の上層の位置に多層構造社会を置くことになります。

この母集団は徹底して現状の民主主義体制のままで良いのです。つまり、分かりやすい平面構造の価値体系であって、手続き論としての法の統治を根底に置き、人権を大切にして独裁国家を生まれ変わらせます。独裁国家の中に人権侵害があれば、いかなる介入をも可能とします。それを内政干渉とは言わせません。人類としての共同責任として介入します。

実はこの「人権」の概念は暫定的なモノであり、宇宙人との交流が始まれば人間の精神性の多層構造秩序を取り入れることで正しく定義できます。それはいずれ、上層のフラクタル共鳴の秩序の中で正式な人権の概念に移行するとして、母集団の価値体系の中ではその矛盾の存在を認めたまま運用によって矛盾をカバーしつつ、従来通りの平面構造とすることで良いとします。多くの人達がフラクタル共鳴に至れば、様々な障害を乗り越えることが出来ます。

この母集団の上部の組織となる上層組織（国を含む）は理念を共有し、時間をかけてフラクタル共鳴を求める国家や組織に育っていきます。祈りの集団が常にフラクタル共鳴を発信し続けるようにします。そしてその中に国連に代わる新しい組織が構築され、やがて地球人も宇宙連盟に参加できるまでに成長し、宇宙連盟の下部組織がこの組織の中に置かれ、同時に宇宙人との交流が成されていくのが今後の流れとなります。

ここに示した内容はかなり高度なモノですが、「良くわからない」という人であっても、今まで通りの民主主義の母集団の中で生きていけるのですから、まったく無理の無い地球人のための移行システムと思います。

ここでいう民主主義の母集団は決して理想の統治ではありませんが、この母集団に関しての真の統治は宇宙の意志に従って、母集団の背後から進化の方向性を制御することで成されます。その役割を「ガブリエルの子」とし↖

ての私は担っていると考えています。もしそれがなければ、暫定的な母集団は忽ち混乱してしまいますから。

当然私としては、私が既に示した一元論的世界観から導かれる「統治の論理」を基本として地球人に示し、それを地球のルールとして宇宙人に対しても普遍的ルールとして提案できるまでに地球人を指導したいと思います。

ですから、あらゆる意味で現代の地球人は『般若心経の普遍的な世界観』と、そこから導かれる一元論的な価値観に到達し、それを共有し、地球を訪れる地球外知的生命体に対して正しい理解を持ち、適切に接しなければならない、そういう自覚を持つように指導したいと思います。

報告が遅くなってしまい、大変申し訳ありませんでした。詳細は第二報として、追って報告いたします。

報告終わり

著者近影

空 不動（くう ふどう）

本名　岩根和郎（いわねわろう）　昭和十八年（一九四三年）二月四日　宮城県仙台市生まれ

かつてこれほどまでに真理の普遍性を命がけで追求された方がいたであろうか。氏の清らかで高貴な、どこまでも謙虚な、宇宙と一体の、文字通り『じねん』のお姿に魅了されない者はいないであろう。

氏は正に現代の知性と霊性の融合と言えよう。

大学では物理学を専攻されるとともに広範な科学技術全般を修得。その後国立の研究機関において、驚くべきことに四十年近くも前に現代の「ロボットアイ」に相当する人間の「視覚」や「認識」といった医学と工学のフロンティア領域の基礎研究に先駆的に従事。退官後はIT企業の経営者として画像処理技術に基づく独創的なAI、IoT、スマートシティの研究開発ならびに関連事業を展開中。二十数件の特許を有する。

一方で、神を独占する宗教の独善と排他性に疑問を抱き、普遍の真理と絶対価値体系をひたすらに求め続けた氏は、守護の神霊に導かれ、命がけの修行の末に普遍の真理を体得する。その覚醒に至る体験と、そこに至る具体的な方法論である「自明行」については『人間やりなおし』、『自分の発見』（献文舎）を参照されたい。

般若心経シリーズ・『暗号は解読された般若心経』『同・改訂版』『未完成だった般若心経』では編纂者・玄奘三蔵・空不動の三位一体により、二千年あまり難解でまるで意味がわからなかった般若心経の本当の意味が解き明かされ、絶対普遍の真理である『空』。『空』と一体の『色』。五蘊皆空・二元論の全肯定の『実在』を基にした『世界観』が降ろされ、仏教再生がなされたことは記憶に新しい。

氏は一貫して『全ては《超越人格》愛の導き』という全肯定の一元論を説かれている。そして、「宇宙の真理の中では「全体」を無視した「個」という存在はなく、個性として分かれた「個」と「全体」は一体不可分である。」「己を知ることは宇宙を知ることであり、宇宙という「全体」に正しく自分を位置づけること（自己位置標定）によって「個」は最大限に生かされる。」「自明行なくして真の救われも悟りもない。」と私たちに教えてくださっている。

氏が今まで成し遂げてこられた数々の業績は「決して自分の力ではない。真の自分の願いによって神霊に導かれ、たくさんの背後の応援によって、天命としてなされた。」と言われ、「自分は修行者である。」との立場を決して譲らない。

また、「人は誰しも色不異空・空不異色であり、『空』から分かれた存在であるから、望みさえすれば必ず『空』に帰還できる。」と断言しておられる。さらに、その『空』への帰還の道を、ご自身で編み出された「自明行」（＝無の修行）という究極の行を自ら実践・体現することで手本となり人類に示されているのだ。

さて、今回本著によってイエスの原罪消滅宣言はじめ、近代キリスト教「やりなおし」の道筋が示されたことは、人類史上空前の出来事である。宇宙的意思により、ここに著者の天命啓示の封印は解かれ、『人類の恒久平和』への働きの次元が上昇し、大きく動き出したのである。

地球人類は今、宇宙時代に向けて宇宙人類と共存できる『実在』を基にした、『般若心経の普遍的な世界観』に目覚めなければ立ちゆくことができない局面に立たされている。否応無しに宇宙はそのように進捗しているのである。「もっと危機感を持て。」というガブリエルのメッセージと同様に、昨今の世界情勢はそれを表しているように感じられはしないだろうか。

今や、近代キリスト教の「欺瞞」や宗教はじめ様々な独善という毒はこの地球だけの問題ではない。人類は宇宙人類として「やりなおし」を迫られているのだ。我々は『普遍的な価値観を持つ』宇宙人類へと、否、本来の人へと霊的に成長しなければならないのである。そして、「少なくとも、宇宙の理念に即した『般若心経の普遍的な世界観』を体現している人と、たとえ今すぐはできなくともその理念に共鳴し、普遍性回復を目指し、努力する人たちが必要である。」と、著者は切に訴えているのである。

本著出版を契機にフラクタル共鳴し、今後ますます人類の進歩と調和に関わる主体命を確信する多くの同志が氏の理念のもとに参集するであろう。

明らかにされた「ガブリエルの子」という衝撃の事実。神々たちによる『空』からの展開。驚くべきことに我々は今、自覚があろうとなかろうと、霊性時代の幕開けの時を生きているのである。

「普遍の真理は体現できなければ意味がない。」「体現してこそ体得と言える。」と、現実を生きることを最も大切になさる氏。

70代後半になられた今もなお、現役でご自身の会社を経営され、ますます意欲的にご自身の主体命である大構想・『人類の恒久平和』に向けて邁進されるお姿は、実に若々しい。決して飾ることなく、『無碍自在』に生きておられる氏の清々しいベクトルに触れると、まるで宇宙からの無限大のエネルギーが、癒しと浄め、祝福が世界に放出されているかのようである。氏は正に真理を体現し、過去・現在・未来を一元論で統合する覚者であり、宇宙からの使者なのである。


（編集者　記）

◆超越思考シリーズ第三弾

復刻版　人間やりなおし

文庫版

初版から数十年経ち、今なお新鮮で輝きを放つ「人間やりなおし」を、復刻版として文庫化いたしました。著者の半世紀に及ぶ修行によって到達された「普遍的世界とそこに至る方法論」は、混沌とした現代を、誠実に生き抜く上での教科書ともいえる内容になっています。また、別著「未完成だった般若心経」をさらに深く学ぶために欠かせない文献でもあり、合わせて読まれることをお薦めします。

定価1080円（税込）

『自分の発見』

私達人類は今、新しい価値を希求し、混沌としています。二一世紀を迎えて、人類は真の秩序を構築することが求められています。

《超越人格》の愛により導き出された『大構想』――それは、「個」と「全体」の完全調和、現代における世界の恒久平和・民族の調和・様々な文化や宗教の共存、これらを実現することであります。さらに、それを現実化する原理と方法論、これこそが岩根和郎先生が提唱される「自分の発見」なのです。あなたもこの崇高な目的の旅を共に歩みませんか。大構想を具体的に表現するのはあなたなのです。先ずあなたの周囲から始まります。

全6章（6冊セット）　**簡易製本版**

定価20000円（税込）

本著「現代の黙示録・イエスは聖書を認めない」の読後感想文をお送りください。

(きりとり線)

〒104-8238

献文舎

東京都中央区銀座5-15-1
南海東京ビル1F SP865

読者係

〈表面〉

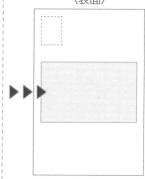

切り取り、又はコピーしてハガキの表面に貼り付けてください。

●本書を購入されたきっかけを教えてください。
①新聞　②書店で見て　③YouTubeを見て
④その他（　）

●本書の感想をお書きください。

●今後どのような出版物を希望されますか。

●本著の講習会、セミナーがあれば
①参加したい　②興味はある
③その他（　）

お名前：

ご住所：

性　別：男・女 ｜ 年齢：　歳 ｜ ご職業：

〈裏面〉

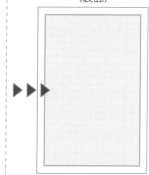

回答、お名前・ご住所などをご記入のうえ、切り取り又はコピーしてハガキの裏面に貼り付けてください。とくに角はしっかりと貼ってください。
※ハガキに直接お書きいただいてもかまいません。

(きりとり線)

現代の黙示録
イエスは聖書を認めない

令和二年七月二八日　一刷発行

著者　空 不動
編集責任　佐藤理恵子
発行人　工藤眞宙見
発行所　献文舎
〒104-8238　東京都中央区銀座5-15-1
南海東京ビルSP865
eメール　kembunsha@yarinaoshi.com
※トラブルを避けるため、発信者が特定されない
メールは自動的に破棄されます。
電話　03(3549)3290
発売所　星雲社
印刷　ベクトル印刷

本書に関するお問合せは文書にて、献文舎編集局まで。
落丁・乱丁本はお取りかえいたします。

ISBN978-4-434-27830-3 C0016 ¥2100E